Frère Roger
Prior von Taizé

Dynamik des Vorläufigen
Neuauflage in Vorbereitung

Die Gewalt der Friedfertigen
Band 421 · ·   128 Seiten, 5. Aufl.

Ein Fest ohne Ende
Band 472 · ·   128 Seiten, 4. Aufl.

Kampf und Kontemplation
Band 493 · ·   128 Seiten, 3. Aufl.

Die Regel von Taizé
Band 365 ·   96 Seiten, 7. Aufl.

in der Herderbücherei

Frère Roger
Prior von Taizé

Seine Bücher im
Gütersloher Verlagshaus Gerd Mohn:

Ein Fest ohne Ende
124 Seiten, kart. 9.80 DM

Die Regel von Taizé
71 Seiten, kart. 9.80 DM

Einmütig im Pluralismus
Eine Aktualisierung der Regel von Taizé
119 Seiten, Ln. 9.80 DM

Dynamik des Vorläufigen
128 Seiten, Ln. 12.80 DM

in der Herderbücherei

Herderbücherei

Band 591

Über das Buch

„Im Heute Gottes leben" ist 1958 geschrieben worden, kurz bevor Johannes XXIII. Papst wurde, zu einer Zeit, als der Ökumenismus in der kirchlichen Öffentlichkeit noch so gut wie unbekannt war. Achtzehn Jahre lang hatte Frère Roger damals schon in Taizé gelebt, andere Brüder hatten sich ihm im Laufe der Zeit angeschlossen. Ihr gemeinsames Leben vollzog sich noch im verborgenen.
Mit dem vorliegenden Buch trat er zum erstenmal an die Öffentlichkeit und gab Rechenschaft von dem, was die entstehende „Communauté" zu verwirklichen suchte. Taizé: „Das Evangelium kennt eine Form des Existenzialismus, im Heute Gottes zu leben. Sobald der Christ in der Sorge um das Morgen lebt, verliert er seine Freude. Die Torheit des Evangeliums steht im Widerspruch zum Sicherheitsbedürfnis der Menschen."
Der Verfasser beschreibt die Erfahrungen des inneren Lebens: „Was ist unter Kontemplation zu verstehen? Nichts anderes als jene innere Verfassung, in der unser ganzes Sein von der Wirklichkeit Gottes ergriffen wird ..."
Im Anschluß an die für uns heute erstaunlichen Aussagen der Kirchenväter zum Recht auf Privateigentum zeigt er Konsequenzen christlicher Gütergemeinschaft auf: „Die Geschichte der Kirche kennt Perioden, in denen die Armut ein Zeichen des Widerspruchs war und die Kraft besaß, ganze Völker aufzurütteln. „Die heutigen Christen sind mit Blindheit geschlagen, wenn sie die ursprüngliche Berufung der Christen durch das Evangelium ‚alles gemeinsam zu haben' nicht mehr begreifen können."

Über den Autor

Frère Roger (geb. 1915) ist Gründer und Prior der ökumenischen Communauté (Gemeinschaft) von Taizé. 1940 ließ er sich allein in Taizé, einem kleinen Dorf im südlichen Burgund nieder. 1949 binden sich die ersten sieben Brüder endgültig zum gemeinsamen Leben. Heute zählt die Communauté über 70 Brüder.
1962–1965 war Frère Roger als Beobachter zum 2. Vatikanischen Konzil nach Rom eingeladen. Damals begann es auch, daß immer mehr Jugendliche nach Taizé kamen. Aus der Begegnung mit ihnen wuchs in Frère Roger der Gedanke an ein Konzil der Jugend. 1970 kündigte er es bei einem Ostertreffen an. 1974 eröffnete er es mit 40 000 Jugendlichen im Beisein von Vertretern der verschiedenen Kirchen. Das Grundanliegen des Konzils der Jugend, zur Erneuerung einer „Kirche der Seligpreisungen" beizutragen, wird seither in Konzilsfeiern auf den anderen Kontinenten entfaltet.

Frère Roger

Prior von Taizé

Im Heute Gottes leben

Herderbücherei

Veröffentlicht als Herder-Taschenbuch
Lizenzausgabe von Les Presses de Taizé
Die französische Originalausgabe erschien 1959
unter dem Titel
„Vivre l'aujourd'hui de Dieu"

Deutsche Übersetzung: Sr. Theresia Renata OCD

Umschlagfoto: Felici, Roma

Für Helmut Frenz
für Cristian Precht
und alle, die mit ihnen in Chile gekämpft haben
für Menschen, die Opfer von Menschen wurden

Inhalt

9

Dieses Buch möchte ein Beitrag sein zu einem besseren Verständnis der Welt und der Kirche von heute. Es ist in Taizé geschrieben worden, d. h. in einer Gemeinschaft, die sich der Tragik der Spaltungen unter den Christen voll bewußt ist und sich als gleichermaßen der Welt und der Kirche zugehörig versteht. Von daher kommt dem Buch vielleicht eine gewisse Glaubwürdigkeit zu.

Viele Christen sind sich darin einig, daß man immer inständiger um das Geschenk der Einheit beten muß. Tatsächlich ist das Gebet der erste Weg, der uns allen offensteht. Aber dieses Gebet muß in Taten münden. Würden wir es sonst nicht einfach zu einer Zuflucht machen, in die wir uns aus einer schmerzlichen Wirklichkeit zurückziehen, damit wir alles vermeiden können, was uns etwas kosten würde?

Dominanten der heutigen Welt

Seit dem vierten Jahrhundert dürfte es wenige entscheidendere Jahrhunderte gegeben haben als das unsere. Entweder die Christen verwirklichen eine der wichtigsten Forderungen des Evangeliums, nämlich seinen Anspruch auf universale Gültigkeit, oder sie ziehen sich in jenen Teilen der Welt, wo sie heute vertreten sind, auf sich selbst zurück und machen sich damit zu einem Hindernis für die Ausstrahlung „der Gnade, der Quelle des Heils für alle Menschen".

Die Christen stehen in unserem Jahrhundert vor einer Frage auf Leben und Tod. Es gibt heute über eine Milliarde Christen, die in zahlreiche Konfessionen aufgespalten sind. Ihnen stehen über zweieinhalb Milliarden Nichtchristen gegenüber. Am Ende unseres Jahrhunderts wird die Weltbevölkerung voraussichtlich sechseinhalb Milliarden Menschen zählen. Dazu kommt, daß die Christen sich heute mit einer atheistischen Ideologie konfrontiert sehen, die gleichfalls für eine universale Menschheitsgemeinschaft kämpft.

Wenn die Christen beweisen wollen, daß sie die Absicht haben, eine alle Menschen umfassende Gemeinschaft herzustellen, dann muß ihr erster Schritt darin bestehen, daß sie sich für eine gerechte Verteilung der Güter dieser Erde einsetzen, denn es ist eine Tatsache, daß heute gerade die Länder, in denen die Christen vorherrschen, über ungeheure Reichtümer verfügen, während gleichzeitig in den nichtchristlichen Ländern ein akuter Mangel an materiellen Gütern besteht. So war nach einer Schätzung der Lebensstandard in den Vereinigten Staaten um die Mitte unseres Jahrhunderts 35mal so hoch wie in Indien. Die Antwort, die man auf diese ungeheure Frage geben wird, könnte sehr wohl entscheidend sein für die Zukunft des Christentums.

Was wir brauchen, ist ein Herz, das weit genug, eine Phantasie, die offen genug, und eine Liebe, die brennend genug ist, um die Wege zu finden, auf denen wir uns von den konfessionellen Bindungen, die uns einschnüren, frei machen können und auf denen wir, wenn wir einmal zur sichtbaren Gemeinschaft aller Christen zurückgefunden haben, fähig werden, der Welt unseren Glauben mitzuteilen.

Wie aber können wir diese unsere Präsenz in der Welt verwirklichen und doch gleichzeitig in der

Kirche, dem Leibe Christi, bleiben? Wie können wir unser Streben nach einem tief in der Kirche eingewurzelten Leben damit verbinden, daß wir dem Menschen von heute begegnen und ihm das Beste bringen, was wir besitzen, nämlich unsere Liebe zu Christus?

Jede Verbindung mit Christus führt zum Nächsten. Und doch kommt man nicht um die paradoxe Feststellung herum, daß die etablierten Kirchentümer, wenn sie alt werden, dazu neigen, uns von den Mitmenschen zu entfernen oder uns mindestens einzuengen bei unseren Beziehungen zu bestimmten Menschengruppen.

Eigentlich müßte jede Berührung mit dem Evangelium in uns immer von neuem den Sinn dafür wecken, daß alle Menschen Brüder sind. Statt dessen zeigen unsere alten christlichen Gesellschaften, auf denen das Gewicht einer Zivilisation lastet, die Neigung, den Menschen in Beschlag zu nehmen und in eine abgesonderte Welt einzuschließen.

Und dieser Hang, sich abzusondern, führt dazu, daß die kirchlichen Kreise ihren Blick nur zu oft auf die Vergangenheit richten und deshalb häufig hinter unserer Zeit zurückbleiben. Diese Haltung beruht auf gegenseitigen Einverständnissen, die man bisweilen nicht wahrhaben will. Man vergräbt sich in einer christlichen Gesellschaft, die einem sympathisch ist und in der man sich miteinander wohlfühlt. Und so baut man nach und nach eine Art christlichen Ghettos auf. Man braucht nur zu beobachten, wie es vielen christlichen Kreisen einfach nicht gelingt, mit Menschen aus der Masse der Nichtglaubenden ins Gespräch zu kommen, und man wird die Richtigkeit dieser Feststellung einsehen.

Heute, wo so viele Menschen dem christlichen Glauben entfremdet sind, muß sich der Christ Gewalt antun, um dem Nächsten entgegenzugehen und ihn dort zu erkennen, wo er ist, in der Welt. Mehr denn je müssen wir uns heute über die sozialen, politischen und wirtschaftlichen Gegebenheiten informieren. Wir müssen die Welt kennen, über die Christus heute der Herr ist, in der jedoch die Menschen seine Herrschaft nicht anerkennen. Die Welt kennenlernen setzt aber voraus, daß man sich ohne Voreingenommenheit und Befangenheit in den eigenen Interessen informieren läßt. Der Christ muß mehr als jeder andere fähig sein, vorurteilslos an die Dinge heranzugehen, die Situationen zu „entleidenschaftlichen". Er darf nicht länger der Mensch der kategorischen Urteile und einseitigen Stellungnahmen sein.

Die erforderliche Information läßt sich am besten um gewisse Phänomene gruppieren, die unsere Welt und unser Jahrhundert kennzeichnen, nämlich um

das Streben der Massen nach Einheit
die Bevölkerungszunahme
die Beschleunigung der Entwicklungen
den Hunger
die Spaltung der Welt in zwei Blöcke
den Wunsch, „sein Leben zu leben"

1.

Während bei so vielen Christen der Sinn für das Universale weiterhin im Schwinden begriffen ist, streben die Massen nach weltumspannender Einheit

Im Verlauf weniger Jahrzehnte hat der Raum sich zu einer neuen Dimension geweitet. Als Folge der immer schneller werdenden Verkehrsmittel und der Verbreitung der Wellenmedien geht auch die Verwischung der rassischen und völkischen Unterschiede in beschleunigtem Tempo vor sich. Selbst im entlegensten Busch gibt es Radios, die den isolierten Menschen mit der Welt verbinden. Das Menschsein vereinheitlicht sich auf der ganzen Erde, die Gewohnheiten gleichen sich an. Man

kann das z. B. daraus ersehen, daß sich die un-
schöne Kleidung des Westens bei Völkern durchsetzt, die bisher nur die weite Gandura oder den
Schurz gekannt hatten.

Über die ganze Erde hin entdecken die Menschen ihre Einheit, und diese Entwicklung geht
rasch vor sich und neigt, wie alle Entwicklungen
unserer Zeit, dazu, sich in einer Weise zu beschleunigen, die den Menschen, der im Rhythmus ver-
gangener Jahrzehnte lebt, bestürzen muß. Weil
aber die Christen als soziologisches Milieu tief in
der Vergangenheit wurzeln, fällt es ihnen oft
unendlich schwer, in diesem neuen Entwick-
lungsrhythmus die weltweite Tendenz zur Ver-
einheitlichung von Lebensgewohnheiten und Exi-
stenzmitteln zu erkennen. Sie bleiben zurück.
Infolgedessen nimmt man von der Kirche keine
Notiz mehr. Meldet sie sich aber zu Wort, so wird
sie oft unerbittlich abgeurteilt als eine veraltete
Gesellschaft, die nicht fähig ist, mit ihrer Zeit zu
gehen.

Es gibt Christen, die sich mit dieser Schwerfäl-
ligkeit ihrer Umgebung nicht abfinden können. Sie
suchen nach fortschrittlichen Formeln, und
manchmal erreicht ihre Ungeduld einen solchen
Grad, daß sie sich lossagen von jenen, die wie sie
den Namen Christi tragen.

Mit Recht kann man sagen, daß die Welt der Ärmsten ihren Stachel in unser Fleisch bohrt. Wir Christen können uns nicht einmal mehr untereinander die Liebe Christi bezeigen, weil wir so stark in konfessionelle Gruppen aufgespalten sind. Und dabei stehen uns die Massen gegenüber, die ohne Gott leben und doch mit einer zuweilen sehr lebendigen Aufgeschlossenheit für das Menschliche eine Erfahrung der Brüderlichkeit suchen.

Tatsächlich findet sich bei den Nichtglaubenden, die zu dieser weltweiten Brüderlichkeit hindrängen, heute eine Einsicht, eine Fähigkeit zur Selbstkritik und manchmal ein Wohlwollen, die in scharfem Kontrast stehen zum Verhalten so vieler christlicher Kreise, wo man sich gegenseitig belauert und für die Durchsetzung engstirniger Ziele lebt.

Diese beunruhigende Feststellung hat einzelne Christen dahin gebracht, die Kirche zu fliehen und zu versuchen, ohne sie in einer Welt zu leben, die sich nicht mehr für das interessiert, was wir vorstellen. Schon in dieser Tatsache allein liegt eine Verurteilung, die schwer auf uns lastet. Besonders schwer wiegt dieser Bruch zwischen der Welt und den vorhandenen christlichen Gruppen deshalb, weil nun das Evangelium nicht mehr als Ferment der Gemeinschaft unter den Teig gemischt ist.

Trachten wir zu verstehen, was die Menschen dazu treibt, die Einheit zu suchen, und bemühen wir uns dann, die gegenwärtige Lage in der Tiefe unseres Wesens zu akzeptieren als einen an die Christen gerichteten indirekten Appell, einen Auftrag zu erfüllen, nämlich die Katholizität der Kirche! Schließlich ist es unsere Aufgabe, die immer noch gültige Weise unserer Präsenz zu verwirklichen, nämlich die Spannung zwischen „Kirche und Welt" zu leben. Um das zu tun, muß man davon absehen, den oft anarchischen Eifer der heutigen Welt von vornherein zu verurteilen, man darf nicht nur sein persönliches Heil suchen, ohne sich um das aller andern zu kümmern, auch wenn das bedeutet, daß man sich die Hände schmutzig machen muß. Diese Spannung kann auf verschiedene Weise gelebt werden: die einen kämpfen, indem sie das Leben der Massen teilen; andere bemühen sich, die Welt, über die Christus seine Herrschaft aufrichtet, besser kennenzulernen und dafür zu sorgen, daß auch andere sie besser kennenlernen; wieder andere gehen den Weg des Gebetes, denn auch die Kontemplation kann echte Präsenz in der Welt sein.

2.
Beschleunigung der Bevölkerungszunahme
in einem bisher völlig unvorstellbaren Maß

Während am Anfang unseres Jahrhunderts ungefähr die Hälfte aller Menschen Christen waren, wird der Anteil der Christen an der Weltbevölkerung bis zum Jahre 2000 vielleicht nur mehr ein Sechstel betragen. Einige Zahlen dazu. Im Jahre 1900, also nach der voraufgegangenen Expansion der Mission, entfielen auf eineinhalb Milliarden Menschen 800 Millionen Christen, mit andern Worten, auf zwei Menschen kam ein Christ. Heute hingegen entfällt nur mehr auf ungefähr vier Personen ein Christ, weil die Weltbevölkerung auf rund 3 Milliarden 800 Millionen angestiegen ist, ohne daß sich die Zahl der Christen stark vermehrt hätte. Wird im Jahre 2000, für das man mit einer Weltbevölkerung von sechseinhalb Milliarden rechnet, nur mehr auf sechs Personen ein Christ kommen?

Dabei erreicht diese Bevölkerungsexplosion ihr größtes Ausmaß dort, wo der Anteil der Christen an der Gesamtbevölkerung ganz unbedeutend ist, nämlich im Fernen Osten. Das schafft eine ganz neue Lage für die Kirche, die ja vor allem in den Ländern mit geringem Bevölkerungsanstieg stark vertreten ist, während gleichzeitig in den Ländern mit starker Bevölkerungszunahme alles, was aus der nördlichen Hemisphäre kommt – also auch die Kirche – auf heftige Ablehnung stößt.

Welche Antwort werden die Christen auf diese starke Zunahme der Weltbevölkerung geben?

Um richtig zu verstehen, was der Bevölkerungszuwachs an diesem oder jenem Punkt der Erde bedeutet, müssen wir selbstverständlich alle verfügbaren Daten und Kenntnisse ausnützen. Statistiken und Karten erlauben, die soziologischen Phänomene der Gegenwart schematisch festzuhalten. Die Kirche selbst verfügt über Missionsstatistiken, die eine Fülle von Daten beisteuern.

Wir dürfen aber nicht dabei stehenbleiben, die Tatsachen nur intellektuell zu erfassen, sonst würden wir bald zu Heuchlern werden, die sich damit begnügen, die Probleme der Welt und ihre möglichen Lösungen mit Sachkenntnis zu diskutieren. Das hieße auf halbem Weg haltmachen. Die Kenntnis der dramatischen Wandlungen, die sich heute infolge der Bevölkerungsexplosion vollziehen, muß uns vielmehr veranlassen, die Berufung von Männern und Frauen zu stützen, die konkrete Lösungen herbeiführen.

Auch ein Fürbittgebet, das von einer guten Kenntnis der Lage angeregt wird, ist hier ein ausgezeichnetes Mittel, das uns allen zur Verfügung steht. Indem wir dem Herrn der Kirche die Lage des einen oder anderen Volkes zuversichtlich anvertrauen, nehmen wir am Schicksal der Menschen unserer Zeit teil. Die Fürbitte setzt also Aufgeschlossenheit für alles voraus, was die Masse der Menschen angeht.

Wer für die betet, die ohne Gott in der Welt leben, bereitet schon den Boden für die Mission. Letztlich aber können wir der Situation nur wirklich gerecht werden durch eine wahrhaft missionarische Präsenz der Christen in den in starkem Wachstum begriffenen Völkern.

Nun aber treten wir als gespaltene, einander bekämpfende Christen vor die hin, die uns ablehnen oder nicht kennen und denen wir begegnen wollen. Wie sollte die Welt glauben, daß Christus der Gesandte Gottes ist, wenn sie sieht, daß die Christen sich in ihrem Glauben und ihrem Zeugnis nicht einig sind? Wer weiß, ob nicht gerade auch die Wachstumskrise der Menschheit neben anderen Faktoren die Christen dazu treiben wird, ihre sichtbare Einheit herzustellen?

Dabei ist klarzustellen, daß der missionarische Schwung nicht notwendig eine Evangelisation im herkömmlichen Sinn bedeuten muß. Denn die Glaubhaftigkeit des Evangeliums ist in den Ländern, wohin man es mit Hilfe der Kolonisation gebracht hat, häufig kompromittiert worden. Es muß zunächst wieder in seiner Eindeutigkeit hergestellt werden. Um den schon allein wegen seiner Herkunft aus der nördlichen Hemisphäre verdächtigen Christen weißer Rasse zu rehabilitieren, wird zuweilen das Zeugnis einer ganz zurückhaltenden Präsenz das Richtige sein. Wir wissen, daß wir Christus bringen, daß wir seine Boten sind und es in aller Demut sein können durch ein verborgenes Leben unter den Massen, durch das wir Zeugnis ablegen für die Selbstlosigkeit des Evangeliums.

3.
Die Beschleunigung aller Entwicklungen

Wenige Daten mögen genügen, um die außerordentliche Beschleunigung der Entwicklungen in unserem Jahrhundert aufzuzeigen.

Von der Zeit des Römischen Reiches bis zum Ende des 19. Jahrhunderts wurden in der Landwirtschaft die gleichen Geräte verwendet. Dagegen vollzog sich die Entwicklung von der Sichel zum Mähdrescher in bloß fünfzig Jahren. Noch schwindelerregender war das Entwicklungstempo bei den Verkehrsmitteln. Die Fluggesellschaften, die die Welt durchziehen, verbinden einzelne Teile der Menschheit, die früher durch geographische Grenzen voneinander abgeriegelt waren.

In den Vereinigten Staaten hat die Beschleunigung der Entwicklung etwa auf dem Gebiet der Industrie oder im Sozial- oder Wohnungswesen einen Grad erreicht, daß man sich über diese Gebiete nur aus Fachwerken unterrichten kann, die noch im laufenden Jahr herausgekommen sind, denn die tiefgreifenden Wandlungen vollziehen sich nicht mehr innerhalb von Jahrzehnten, sondern von Monat zu Monat. So hat sich z. B. die soziale Lage der Farbigen in den Städten des Nordens so rasch entwickelt, daß sie in nichts mehr dem gleicht, was wir vor einigen Jahren darüber wußten. Dasselbe gilt ohne Zweifel auch von manchen der weiten Gebiete in der heutigen Sowjetunion.

Während früher große Städte nur im Laufe von Jahrhunderten entstanden, baut man heute vollkommen durchorganisierte Städte in wenigen Jahren auf. Diese Ballungszentren ziehen die enterbten Bevölkerungsschichten an. Und so geschieht es, daß an der Peripherie dieser Städte, die sehr schnell den Bevölkerungszuwachs nicht mehr aufnehmen können, die Elendsviertel entstehen, Stätten der Not, die eine glänzende Stadt umklammern.

An der Schwelle des Atomzeitalters ahnen wir bereits, daß auf allen Kontinenten gewaltige Wandlungen bevorstehen. Die Entwicklungen, deren Rhythmus im Laufe des vergangenen Jahrhunderts begonnen hat, sich zu beschleunigen, werden immer schneller und schneller vorangetrieben werden. Selbst wir Menschen des 20. Jahrhunderts können uns kaum vorstellen, wie diese unmittelbar bevorstehende Zukunft ausschauen wird.

4.
Der Hunger in der Welt nimmt zu

Die Menschen, die schon genug hatten, haben noch mehr, jene aber, die fast nichts hatten, haben noch weniger. Dabei wächst die Bevölkerung gerade dort am stärksten an, wo der Hunger herrscht. Heute weiß man, daß zwischen Hunger und Bevölkerungszuwachs ein physiologischer Zusammenhang besteht. Das Fehlen bestimmter Nahrungsmittel ruft eine so starke Vermehrung der für die Zeugung nötigen Hormone hervor, daß sich die Bevölkerung in den Entwicklungsländern am stärksten vermehrt, so daß die verfügbaren Nahrungsmittel immer weniger zur Deckung des Bedarfs ausreichen.

In den traditionell christlichen Ländern dagegen herrscht Überfluß an allen Dingen. Aber wie sollen wir diesen Zustand ändern, damit wir unser Brot mit den Hungernden teilen können? Können wir guten Gewissens für die Menschen beten, denen es an allem fehlt, solange wir den Überfluß für uns behalten? Wir müssen einem grundlegenden Auftrag des Evangeliums nachkommen und unser Brot mit den Hungernden teilen. Man wird die Christen des 20. Jahrhunderts weitgehend danach beurteilen, was sie zur Lösung dieses Problems angeregt oder getan haben.

Die heutige Welt zerfällt in zwei politische Blöcke, denen zwei scheinbar entgegengesetzte Ideologien entsprechen

Wie werden wir uns der Spannung zwischen Osten und Westen stellen? Der Christ darf sich nicht weigern, inmitten der Spannungen dieser

Welt zu leben, aber ebensowenig darf er sich von den Leidenschaften gefangennehmen lassen, die durch diese Spannungen entfacht werden. Mehr denn je muß er ein Mensch des Friedens sein, sonst kann er nicht im vollen Sinne „in der Welt, aber nicht von der Welt" sein. Er muß sein eigenes Herz in Gott befrieden, dann kann er den andern Menschen helfen, sich von der Angst als der Ursache von Haß und Kriegen zu befreien.

Der Christ muß sich klar sein über die Kräfte der Verführung, die auf ihn einwirken; er muß die Macht der Säkularisation, der er in der Welt ausgesetzt ist, richtig einschätzen. Im Westen zeigt sich diese Macht in den materiellen Möglichkeiten, die uns zu Gebote stehen und die uns träge machen und unsere Anteilnahme am Nächsten zum Erlöschen bringen. Sobald diese materiellen Mittel nicht mehr im Dienste der Arbeit stehen, sollte man auf sie verzichten. Aber auch die Säkularisation in den Ländern des Ostens könnte den Christen mit gleicher Macht in ihren Bann ziehen. Der Rausch der großen Masse, ihr Streben nach Gleichförmigkeit, die Bemühung um gerechte Güterverteilung können Trugbilder wecken und uns das Wesentliche des Evangeliums vergessen lassen.

Wenn die Ost-West-Spannung lange anhält, wird sie uns Christen unter Druck setzen, uns dem einen oder andern dieser Systeme einzordnen. Augenblicke werden kommen, wo der Christ aus Gewissensgründen seinen Beitritt zu einer Partei wird verweigern müssen. Wenn wir in der heute bestehenden Spannung bestehen wollen, müssen wir an einer Voraussetzung mehr denn je festhalten, nämlich an der Freiheit des Evangeliums, die ihrerseits die Freiheit der Person erfordert, damit die Person aus diesem Evangelium leben kann. Diese Freiheit darf niemals mit einem beliebigen humanistischen Liberalismus verwechselt werden. Heute müssen wir uns den Ereignissen gegenüber jeder Leidenschaftlichkeit enthalten, wir müssen die Herrschaft über uns selbst gewinnen, um Menschen Gottes, d. h. Menschen des Friedens, zu sein.

6.
Die heraufkommende Generation will „ihr Leben leben"

Die heraufkommende Generation macht ihr Recht auf Leben geltend, sie will ihr Menschsein voll verwirklichen. Der Geschichte, den Erfahrungen der Vergangenheit begegnet sie mit Mißtrauen. Sie sucht unmittelbare Erfahrung, und zwar sofort.

Ihr geht es viel mehr darum zu sein, zu existieren, zu leben, als zu systematisieren. Vielleicht rührt dieses Gefühl der Dringlichkeit bei ihr aus dem Bewußtsein her, in der 25. Stunde zu leben, in der Stunde, die der Zerstörung einer ganzen Vergangenheit, wenn nicht der endgültigen Vernichtung einer ganzen Kultur vorausgeht.

Mit dem Wunsch, „sein Leben zu leben", wie es oft heißt, verbindet sich der Wille zur Emanzipation der Sinne. Die Luft ist dann wie „sensualisiert", was sich in Nordamerika noch stärker bemerkbar macht als im alten Westeuropa. Reklame, Kinobilder auf der Straße, eine ganze Presse reizen zu dieser Art von Daseinsverwirklichung auf. Noch nie hat das Lied, das zur fleischlichen Liebe aufruft, so viele Dichter und Sänger gefunden, und die Massenmedien sorgen dafür, daß die gleichen Lieder von Paris bis Tokio gesungen werden. Die frenetische Lebensgier beruft sich manchmal auf schlecht verstandene psychologische und psychoanalytische Theorien.

Der Christ wird seine Verantwortung übernehmen und bedenken müssen, daß auch das Evangelium eine Form des Existenzialismus kennt, einen bestürzenden Appell, im Heute Gottes zu leben. Denn sobald der Christ in der Sorge um das Morgen lebt, verliert er seine Freude. Es gibt sehr wohl eine Torheit des Evangeliums; sie steht in Widerspruch zum Sicherheitsbedürfnis des Menschen.

In dem Klima, in dem wir im Westen leben, könnte man leicht in eine puritanische Haltung verfallen und versuchen, unter den Christen das Leben der Sinne zu verpönen und einander ein schlechtes Gewissen zu machen. Aber mit einer solchen Pädagogik, der früher bei infantilen Menschen Erfolg beschieden war, würde man heute das Gegenteil bewirken. Jede Starre, jede kategorische Verurteilung würde nur dahin führen, uns ein für allemal von der jungen Generation zu trennen. Es gibt nur einen Weg, nämlich voll und ganz menschlich zu bleiben. Wir sind es dann, wenn wir unserem Gegenüber dazu verhelfen, sich aus seinem eigenen Innern heraus wieder ein ethisches Gerüst zu schaffen, an das er sich dann ohne jeden von außen kommenden Zwang halten kann.

Übrigens werden wir mehr durch die Art überzeugen, wie wir in der Welt leben, als durch Diskussionen. Wenn der Christ das Zeichen des Widerspruchs für die Welt glaubwürdig lebt, das in der unverbrüchlichen Treue christlicher Ehegatten oder in der Berufung durch Christus zur Keuschheit im Zölibat liegt, dann kann er sicher sein, daß das Samenkorn, das in die Erde fällt, Tag und Nacht keimen wird.

Die großen Werte des inneren Lebens

Wer über das innere Leben des Christen schreibt, muß vorausschicken, daß es sich bei geistlichen Regeln immer um relative Methoden handelt. Es ist leichter, darüber zu schreiben, als danach zu leben.

Das innere Leben muß die ganze Person, Geist, Seele und Leib, durchdringen. Es genügt nicht, daß wir unser Augenmerk entweder nur auf unser Denken oder nur auf unsern Leib richten. Zwischen dem Physischen und dem Psychischen besteht eine so enge Verbindung und Wechselwirkung, daß Unordnung in einem Sektor notwendig auf den andern übergreift.

Geist und Leib sind eins. Beides muß für das Wirken Gottes offen, verfügbar sein. Das ist die Grundlage für den ganzen inneren Kampf. Sein Ziel ist es, das Geschöpf in einer dauernden Verbindung mit dem Schöpfer zu halten. Sein einziger Zweck besteht in der Vereinigung der ganze Person mit Jesus Christus.

Sollte der innere Kampf für Christus darin bestehen, daß man die Materie dem Geist unterwirft,
mit andern Worten, daß man das Absterben der
Sinne und des Leibes beschleunigt? Sollte „Leben"
bedeuten, „sich ans Sterben gewöhnen", wie Plato
sagt?

Das Evangelium kennt den Dualismus Mate-
rie – Geist nicht. Im Gegenteil, Gott ist Fleisch geworden, er hat einen menschlichen Leib ange-
nommen, er hat unter uns gewohnt.

Der Kampf des Lebens ist nicht ein Kampf des
menschlichen Geistes, der sich den Leib unterwerfen will, sondern ein Kampf des Geistes Gottes, der sich alle Kräfte des Menschen untertan
machen will.

Die christliche Askese beruft sich nicht auf eine
Moral der Enthaltsamkeit. Sie ist nicht Selbstzweck, sondern Mittel, um auf die Gnade einzu-
gehen. Dennoch gibt uns das Evangelium zu verstehen, daß die Askese auch zu radikalen Mitteln
greifen kann – so etwa, wenn es uns empfiehlt, die
Hand abzuhauen, wenn sie uns Ärgernis gibt –,
aber erst, wenn alle andern Mittel versagt haben.
Auch der Arzt schreitet ja erst dann zur Amputa-

tion eines Gliedes, wenn alle andern Heilmethoden erfolglos geblieben sind.

Das Eingehen des Menschen auf die Gnade besteht darin, daß er seine ganze Person dem Wirken des Geistes Gottes unterwirft. Man braucht sich nicht den Kopf zu zerbrechen darüber, worauf man verzichten soll. Die Selbstbeherrschung an sich genügt als Programm. Statt mehr tun zu wollen, als Gott verlangt, sollten wir lieber in der Einfalt des Herzens das vollbringen, was das Heute von uns fordert. Unbewußt kann unser Herz den Ansprüchen, die das Heute an uns stellt, gewisse ideale Forderungen vorziehen. Während von uns nichts weiter verlangt wird, als daß wir geduldig den Weg gehen, den Gott uns vorgezeichnet hat, weisen wir die Fülle der Gaben zurück und ziehen ihnen immer wieder die eitle Rückkehr zu uns selbst vor; wir betrachten lieber unsere Sünden als die alles Begreifen übersteigende Verzeihung Gottes, wir suchen aus eigenem nach Mitteln zur Heilung unserer inneren Gebrechen, während doch Gott uns diese Heilmittel schenkt in den Gnadenmitteln, die die Kirche uns anbietet.

Wenn man zur Selbstbeherrschung gelangen will, darf man nicht krampfhaft auf Einzelheiten, auf Fortschritt bzw. Rückschritt achten. Man muß vielmehr das Ziel – Jesus Christus – fest im Auge behalten. Das ist wesentlich, sonst werden die Mittel zum Ziel, man meditiert schließlich mehr über den Menschen als über Gott und läßt sich vom Kummer über die eigenen Sünden niederdrücken, statt immer wieder über die Vergebung Gottes zu staunen.

Ist die Furcht begründet, daß uns der innere Kampf in Fehlhaltungen drängen könnte, etwa in Formalismus oder in das Streben nach der Vollkommenheit um ihrer selbst willen? Man muß sich dieser Gefahren bewußt sein, aber man darf sich nicht von der Furcht lähmen lassen oder auf der Stelle treten. Das Gleichgewicht des Christen ist ebenso prekär wie das eines Menschen, der auf einem Grat wandelt. Gott allein vermag dem Festigkeit zu verleihen, der das Wagnis des Christen auf sich nimmt, auf Christus zuzugehen.

Formalismus und Gewohnheit! In beides sinkt man täglich ab, sobald der innere Kampf nicht mehr aus Liebe zu Gott und zum Nächsten geführt wird. Es ist zwar gut, daß man sich regelmäßige Gebetszeiten auferlegt, aber nur dann, wenn es aus Liebe zum Herrn geschieht und nicht, um eine gesetzliche Pflicht zu erfüllen. Es wird Tage geben, an denen wir die Regelmäßigkeit als Last empfinden. Tatsächlich leben wir ja in einer Natur, die sich in Aufruhr gegen ihren Herrn befindet.

Aber nur dann, wenn wir es zulassen, daß unsere Liebe zu Christus erlischt, laufen wir Gefahr, in unserem Entschluß zu regelmäßigem Gebet und regelmäßiger Meditation nichts anderes mehr zu sehen als ein weiteres Gesetz.

Hier sollte man den folgenden Rat beherzigen: In Stunden geistlicher Trockenheit gilt es, noch treuer zu sein als an Tagen, wo uns der Glaube spontan zu Gebet und Sammlung drängt. Auch ist es gut, wenn man sich dann an die Gebetserhörungen erinnert und an die Stunden, in denen man die Gegenwart Gottes erfahren hat. Denn das einzige Mittel, um Formalismus und Gewohnheit zu bannen, besteht eben darin, daß man treu an dem einmal gefaßten Vorsatz festhält und sich bemüht, ständig in der Hingabe und der Anbetung zu leben.

„Am meisten haben die Menschen geleistet, die es verstanden haben, ihr Leben mit Ruhe und Festigkeit einer Ordnung zu unterwerfen, besonders dann, wenn zu dieser Festigkeit ein feuriger Geist und eine menschliche Wärme kommen, für die es durchaus nicht selbstverständlich ist, sich an Regeln und Methoden zu halten; wo aber alle diese Elemente zusammenkommen, da vermag der Mensch die erstaunlichsten Dinge zu vollbringen.“

Für unser inneres Leben brauchen wir ein paar einfache Worte, die gleichsam die Rolle des Erziehers spielen. Ohne sie laufen wir Gefahr, unsere besten Vorsätze zu vergessen. Außerdem sollen wir womöglich einige Worte aus dem Evangelium in einer Form zusammenfassen, in der wir sie uns leicht ins Gedächtnis rufen können.

Eine solche Kurzformel muß den Gedanken Christi in möglichst eindringlicher und persönlicher Weise zum Ausdruck bringen. Es handelt sich dabei um die Anpassung des Gotteswortes an einen persönlichen Fall.

Wenn ein solcher gründlich durchdachter, ohne Eile erarbeiteter, langsam gereifter und meist unter Kämpfen gestalteter Leitsatz einmal entdeckt ist, dann muß man ihn einhalten. Welch eine Kraft stellt er dann dar in der Führung des inneren Lebens! Er schließt alle Alternativen aus und befähigt uns, entschlossen aufzubauen, weil er dem inneren Leben Einheit verleiht und uns dadurch unser Leben lang in eine bestimmte und kontinuierlich durchgehaltene Richtung führt.

Was letztlich zählt, ist nicht eine große Zahl von richtungweisenden Grundsätzen, sondern daß man sich im gegebenen Augenblick an einige Verhaltensregeln hält, die so bündig und klar sind, daß man sich jederzeit leicht an sie erinnern kann und daß man fest entschlossen ist, sie bis aufs letzte zu befolgen, so daß man nach jedem Versagen immer wieder auf sie zurückkommt. Hat man sie im Moment vergessen, so muß man sie unverzüglich wiederaufgreifen, sobald sie einem wieder zum Bewußtsein kommen. Je beherzter man sie übt, desto leichter wird ihre Befolgung. Wer ganz geduldig ist und nicht die Früchte ernten will, bevor sie reif sind, für den wird der Tag kommen, wo ihm das leicht fällt, was ihn früher eine große Anstrengung gekostet hat, weil sein inneres Wesen geformt worden ist, ohne daß er es bemerkt hat.

Alle Beharrlichkeit, alle Bereitschaft, immer wieder neu anzufangen, hat das Ziel, eine tiefe Einheit herzustellen, denn das christliche Leben ist nichts anderes als ein steter Neubeginn, ein tägliches, ja manchmal stündliches Zurückkehren in die Gnade dessen, der nach jedem Versagen verzeiht, um alle Dinge neu zu machen.

Wichtig ist, daß man den inneren Kampf auch in Zeiten des Überdrusses fortsetzt, so schwer das fallen mag, wenn es ohne Freude, ohne Liebe geschehen muß. Wenn es aber gar nicht mehr gelingen will, dann bleibt nur eines – sich ganz Christus überlassen, denn auch wenn die innere Flamme erloschen scheint, kann man immer noch schweigend warten und sich mit dem Gedanken stärken, daß „mitten im kalten Winter ein Reis entsprungen ist".

Das innere Leben und die Kontemplation

Im inneren Leben entsteht eine Verbindung zwischen dem Christen und Christus. Diese persönliche Beziehung, die sich im Gebet, in der Meditation, in der Teilhabe am Leib und Blut Christi dauernd erneuert, gipfelt darin, daß wir in der Kontemplation die Gegenwart Gottes wahrnehmen.

Wir Menschen des Westens sind leicht geneigt, einer solchen Form der Kommunikation mit spontaner Ablehnung zu begegnen. Der juridische Geist, den wir vom alten Rom ererbt haben, hat sich auf alle europäischen christlichen Kirchen übertragen und uns für diese höchste Form des inneren Lebens – die Kontemplation oder Beschauung – schlecht vorbereitet. In den christlichen Kirchen des Ostens dagegen lebt man heute noch intensiv von dieser Wirklichkeit. Weil man sich dort lange nicht so intensiv um verstandesmäßige Definitionen der Gotteserkenntnis bemüht, bleibt der Anbetung weiter Raum.

Wir Christen des Westens dagegen geben uns nicht leicht zufrieden, solange wir eine Wahrheit des Evangeliums nicht verstandesmäßig erfaßt haben. Damit aber engen wir unseren Glauben in rationale Bahnen ein und laufen dadurch Gefahr, dem Salz seinen Geschmack zu nehmen. Wenn wir um jeden Preis verstehen wollen, können wir eine Quelle zum Versiegen bringen, aus der unser inneres Leben gespeist werden sollte.

Kontemplation wird zuweilen ganz negativ definiert als das Gegenteil von Aktion. Demnach wäre sie ein Luxus von Christen, die nicht bereit sind, ihren Glauben unter ihren Mitmenschen in die Tat umzusetzen. Diese Auffassung wird aber von den Tatsachen widerlegt. Es gab Christen, die sich ganz stark im Leben der Menschen engagierten, die von Aktivität gleichsam sprühten und doch gleichzeitig die Beschauung in ihrer Fülle kannten. Die heilige Teresa von Ávila tätigte Käufe, führte geschäftliche Verhandlungen, schrieb Bücher und lebte dennoch in der Tiefe ihres Seins in einer innigen Freundschaftsbeziehung mit Gott. Nicht von ungefähr ist diese Frau zum klassischen Typ des kontemplativen Menschen geworden.

Wenn wir also diese unsere negativen Reaktionen fallenlassen, was ist dann unter Kontemplation zu verstehen? Nichts anderes als jene innere Verfassung, in der unser ganzes Sein von der Wirklichkeit der Liebe Gottes ergriffen wird. Wenn wir eine Wahrheit aus dem Bereich der Natur verstandesmäßig erfassen, so kann uns auch das ergreifen, aber nur teilweise. Die übernatürliche Wahrheit, die Liebe Gottes dagegen kann unser ganzes Sein einschließlich unserer Affektivität ergreifen. Die Echtheit der Kontemplation läßt sich an der Liebe erkennen. Die Kontemplation bringt uns in innige Beziehung zur Liebe Gottes und weckt dadurch in uns die Nächstenliebe. Darum warnt der kontemplative Apostel Johannes sich selbst davor, zum Heuchler zu werden, indem er ein Lippenbekenntnis zur Gottesliebe ablegt, dabei aber den Bruder haßt.

Durch die Beschauung wächst unsere Liebe zu Gott. Wenn wir wirklich unser ganzes Sein Christus hingeben, dann muß sich das nach außen als Nächstenliebe offenbaren. Unsere Nächstenliebe beweist die Echtheit unserer Kontemplation.

Mir schweben zwei Menschen vor – beide haben die gleiche Berufung.

Der eine kommt nicht weiter, der andere läuft. Er versteht es, „alle unnötigen Lasten weit von sich zu werfen ... und zu laufen, den Blick auf

Christus geheftet". Beide bemühen sich mit derselben Gewissenhaftigkeit zu tun, was ihnen aufgetragen ist.

Der eine leidet ununterbrochen, er reagiert überempfindlich auf das Verhalten des Nächsten und bringt es nicht fertig, bei jedem Gespräch in sich selbst die Barmherzigkeit zu erneuern, die uns befähigt, den Nächsten anzunehmen, wie er ist. Der andere wird genauso verletzt, dennoch bleibt er in der Freude, die sich nur selten geschlagen gibt. Für den einen ist der Tod dem Leben in Gott vorzuziehen, für den andern zählt allein die im Kontakt mit dem Nächsten immer wieder erneuerte Liebe.

Eine beunruhigende Feststellung. Bei dem einen ist die Barmherzigkeit, das schlichte Verzeihenkönnen eingeschlafen. Das macht das Zusammenleben mit den Menschen unerträglich. Der andere, der aus der Gegenwart Christi lebt, wird von den Schwierigkeiten des Zusammenlebens nicht nur nicht aufgehalten, sondern sogar angespornt.

Eines ist gewiß: Jeder Umgang mit Gott führt zum Nächsten. Das Zeichen für die Echtheit jedes inneren Lebens, d.h. jeder Beziehung zu Jesus Christus, ist die Entdeckung des Nächsten. Und wenn der Nächste aus unserer Zwiesprache mit

Christus verschwindet, dann hat unsere Gottesliebe nicht den Christus des Evangeliums zum Inhalt, sondern eine mythische Gottheit, die mit unserer Menschheit nichts zu tun hat. Die Seele des
Menschen, der ohne Gott lebt, wird von der Liebe
verzehrt; die des Christen erstickt, wenn die Liebe
zu Gott die Liebe zum Nächsten nicht einschließt.

Die Kontemplation macht uns fähig, eine
Wahrheit Gottes durch Liebe zu erfassen. Die Anschauung Gottes wird den Menschen geschenkt,
die lauteren Herzens sind. Der Christ kann sich in
seinem inneren Leben nur wenige wesentliche
Wahrheiten wirklich zu eigen machen. Hat er sie
einmal erfaßt, dann muß er sie noch entwickeln.
Seine Pilgerschaft führt durch Schatten und Licht.
Bald vergißt er den ihm anvertrauten Schatz, dann
wieder kommt ihm dessen Wert plötzlich zum
Bewußtsein.

Selig die Einfachen, die den Geist der Einfalt besitzen, denn ihrer ist das Himmelreich. Die Wis-
senschaft von Gott, die Theologie, die Anhäufung
von Kenntnissen geben bei der Anschauung des
„göttlichen Mysteriums" keinerlei Vorrecht, eher
lenken sie davon ab. Man kann darin eine Anwen-
dung der Gerechtigkeit Gottes erblicken, der seine
Gegenwart den Demütigen, den Kleinen dieser
Welt offenbart. Um diese von Angesicht zu Ange-

sicht entdeckte Gegenwart Gottes zu leben, gibt es keinen andern Weg, als daß wir „diese Dinge bewahren und in unserem Herzen bewegen".

Dabei merkt man den Menschen, denen Gott diese Erfahrung schenkt, durchaus nichts davon an. Würden alle diese Wohltaten „zur Schau gestellt", so müßte man fürchten, daß das Ich im Augenblick, da Gott alles ist, sich an den ersten Platz stellt. Dann wäre die Beschauung Selbsttäuschung. Sollen nicht sogar die, die sich Gott durch Fasten und Enthaltsamkeit nähern wollen, ihr Haupt salben, damit man ihnen ihr Vorhaben nicht ansieht?

Die Kontemplation bleibt ein Weg, der jedem Christen offensteht. Freilich sind die Menschen selten, die wirklich nach Gebet dürsten. Das ist der Grund, warum so viele Gläubige vor den Schwierigkeiten des Gesprächs mit Gott zurückschrecken. Bei manchen vergehen Monate, ja Jahre, ohne daß sie den Kontakt mit Gott im Gebet wiederfinden können. Ist es richtig, dann gleich von Trockenheit, von der Nacht des Geistes zu sprechen? Gewiß nicht, denn gerade darin kann eine Einladung zur Kontemplation liegen. Nach und nach stellt sich in uns eine Stille her, in der sich die Werte dieser Welt relativieren. Eines allein wird notwendig. Und selbst dann kann die

Schwierigkeit, im Gebet Worte zu finden, einen Anruf bedeuten zu einer von allen Äußerlichkeiten entkleideten Gemeinschaft mit Christus.

Kontemplation ist Anbetung. Das Gebet führt uns zur Zwiesprache, es intellektualisiert die Situationen, indem es sie in das Feld des menschlichen Bewußtseins rückt, damit wir sie vor Gott bringen. Die Meditation ihrerseits macht ein manchmal mühevolles Nachdenken erforderlich. In der Kontemplation dagegen bleibt unser Blick auf eine einzige Wahrheit gerichtet, der wir mit unserm ganzen Sein anhangen.

Da die Kontemplation des Gottes Jesu Christi den Menschen in seiner Ganzheit anfordert, kann sie gar nicht zum Quietismus führen. Im Gegenteil, sie drängt zur kühnen Tat, sie läßt keine Lauheit zu. Unausweichlich treibt sie uns vorwärts. Wer läuft, muß den Weg sehen, wenigstens ein kleines Stück weit. Wer aber durch die Schau Christi vorwärts getrieben wird, der weiß, wohin er läuft. Unser Lauf hängt von zwei ineinandergreifenden Voraussetzungen ab, die wir unablässig neu verwirklichen müssen: wir müssen „vergessen, was hinter uns liegt" – Fortschritt oder Rückschritt – und „den Blick fest auf den gerichtet halten, der unseren Glauben lenkt".

Die ganze Umwandlung unseres Wesens hängt davon ab, daß wir unsern Blick auf den unsichtbaren Christus gerichtet halten. Vielleicht vollzieht sich unsere Verwandlung, ohne daß wir es wahrnehmen – das ist sogar besser. Für uns genügt es zu wissen, daß das Samenkorn Tag und Nacht keimt und wächst, auch wenn wir nicht wissen, wie das geschieht.

Wir sollen also laufen, das ist das Tempo des Handelns. Und während wir laufen, sollen wir den Blick auf den Gott der Propheten und Jesu Christi heften in Erwartung des Tages, an dem Christus seinen Blick auf uns richten wird. Nur wer ihm begegnet ist, wird fähig zu einer überströmenden, barmherzigen Nächstenliebe. Selig die Demütigen, die lauteren Herzens sind, denn sie schauen Gott!

In der Welt leben

Wir haben bestimmte Wesenszüge der heutigen Welt beschrieben und dabei für jeden Wesenszug gezeigt, wie unser christliches Leben ganz in das Leben der Menschen integriert werden kann. Einige kurze Hinweise sollen noch hinzugefügt werden.

Unser Leben vereinfachen

Im materiellen Bereich müssen wir uns bemühen, unser Leben dadurch zu vereinfachen, daß wir unsere Arbeits- und Existenzmittel in aller Ruhe fortlaufend revidieren, um immer wieder alles auszuscheiden, was nicht wesentlich ist und uns deshalb nur behindern würde. Denn Möbel, Bücher, Papiere, Kleider, Rücklagen aller Art können sich nach und nach und ohne daß wir uns darüber Rechenschaft geben, wie eine bleierne Hülle auf uns legen und uns die Bewegungsfreiheit nehmen.

Im Bereich des Wissens fordert die Vereinfachung, daß wir uns mit unseren Grenzen abfinden. Wir brauchen nicht Enzyklopädien zu werden; das würde die Spannkraft unseres Willens überfordern. Bauen wir in menschlichen Maßstäben. Lassen wir den Genies, was ihnen zukommt. Weiß man denn, wie viele psychische Krankheiten heute davon herrühren, daß der Mensch sich überanstrengt, weil er sich ein unverhältnismäßig hohes Bildungsniveau erwerben will? Hier gilt, was Sertillanges gesagt hat: zwei Stunden schöpferischer Arbeit Tag für Tag genügen für eine intellektuelle Arbeit von großer Tragweite.

Und was das Evangelium betrifft, so müssen wir schließlich zugeben, daß wir nicht fähig sind, alles zu begreifen, was die Schrift lehrt. Deshalb müssen wir das wenige, das wir uns wirklich zu eigen gemacht haben und das in der Tiefe unseres Wesens Wurzel geschlagen hat, im Leben verwirklichen. Kommen wir also immer wieder auf die wenigen ganz einfachen Sätze zurück, in die wir das Wort Gottes, so weit es in uns eingedrungen ist, zusammengefaßt haben. So werden wir unseren inneren Menschen aufbauen und erfahren, wie unsere Person nach und nach zur Einheit findet.

Was wir suchen müssen, ist ein christliches Engagement in unserer menschlichen Umwelt; was wir entdecken müssen, ist das Mittel, um im Beruf, am Arbeitsplatz, die Gegenwart Christi vielleicht ohne Worte – auszustrahlen. Dazu müssen wir mit dem Menschen dort in Beziehung treten, wo er ist, ihn so nehmen, wie er ist; wir müssen auf seine Menschlichkeit eingehen, ihn aus seinem Innern heraus verstehen. Dann geht es nicht mehr darum, daß wir uns ein Urteil über ihn bilden, sondern einzig darum, daß wir ihn mit einer Liebe lieben, die alles versteht. Die Welt weiß zwar wenig vom Evangelium, das aber weiß sie, daß wir uns auf die brüderliche Liebe unter allen Menschen berufen. In diesem Punkt stellt sie oft erstaunlich hohe Forderungen an uns, für die wir aber empfänglich bleiben müssen, wenn wir ihnen entsprechen wollen. Die im Kommen begriffene Generation dürstet nach dem Echten, sie verabscheut Betrug und christlichen Pharisäismus, sie erträgt keine künstlichen Lösungen. Deshalb ist es so notwendig, daß wir unser Christenleben in den konkreten Situationen der heutigen Welt einwurzeln.

Schwach sein mit den Schwachen und Kleinen dieser Welt

Im Bewußtsein der breiten Öffentlichkeit wird oft Christentum mit Macht verwechselt. Deshalb müssen wir eine bestimmte christliche Grundhaltung wieder zur Geltung bringen, indem wir jegliches heimliche Einverständnis zwischen dem Geistlichen und dem Zeitlichen mit aller Entschiedenheit meiden. Wenn der Herr durch sein Kommen „die Niedrigen erhöht und die Mächtigen vom Thron gestürzt hat", können wir dann noch ein Bündnis mit den Starken suchen? Das bringt uns heute übrigens eine Generation, die gegen jede Form christlicher Machtausübung empfindlich geworden ist, hinreichend zum Bewußtsein. Und wenn auch manches in diesem Zusammenhang gefällte scharfe Urteil ungerecht ist, so können davon dennoch richtige Impulse ausgehen.

Es gibt im Menschen ein durchaus positives Bedürfnis, sich selbst bestätigt zu sehen, das aber häufig in ein Bedürfnis nach Macht und Gewalt entartet. Diesem inneren Vorgang liegen komplizierte Antriebe zugrunde, die sich schwer analysieren lassen. Doch rechtfertigt diese Schwierigkeit keineswegs Machtentfaltung in der Kirche.

Will das besagen, daß wir nach einer Spiritualität des Versagens, der Schwäche, ja der Erniedrigung streben sollen? Einen so extremen Glauben wollen wir den Heiligen überlassen. Halten wir uns lieber an eine Spiritualität der Begrenzung, und bedenken wir, daß wir in Gott „stark sind, wenn wir schwach sind". Anerkennen wir, daß unsere Möglichkeiten begrenzt sind, geben wir uns Rechenschaft darüber, daß in unserem Fleisch gewisse Stacheln sitzen, aber vergessen wir auch nicht, daß wir in Christus Sieger sind, weil wir aus der Freude des Gottesreiches leben.

So werden wir den Kleinen dieser Welt näher sein. Ihrer ist das Himmelreich. Selig die Armen!

In der Kirche leben

Eins sein, damit die Menschen glauben können

Die kommenden Generationen werden den Widerspruch der Aufspaltung der Christen in verschiedene Konfessionen immer weniger ertragen. Sie werden nicht mehr dulden, daß soviel Kraft für die Verteidigung konfessioneller Positionen aufgewendet wird, während die Zahl der Menschen, die von Gott nichts wissen, infolge der schwindelerregenden Bevölkerungszunahme von Tag zu Tag wächst. Sie werden sich nicht mehr damit abfinden, daß die Christen ihre besten Kräfte daran verschwenden, sich gegenseitig zu beweisen, wie wohlbegründet ihre respektiven Positionen sind.

Die Sorge um die Selbstrechtfertigung, die keimhaft in allen Kirchbildungen steckt, hat in eine Sackgasse geführt. Die Christen leiden an einem Übel, das auf den ersten Blick unheilbar scheint. Es hat einen solchen Grad erreicht, daß auch Männer und Frauen, die sich zu einem echten Glauben an Christus, den Sohn Gottes, bekehrt hatten und von einer brennenden Liebe zu Christus und ihren Brüdern, den Menschen, getrieben waren, unter dem Einfluß ihres kirchlichen Milieus wieder in Erstarrung und in eine Haltung der Ausschließlichkeit und des Eigendünkels gefallen sind, die sich mit ihrem ersten Glaubensschwung nicht vereinbaren lassen. Denn das Gift der Spaltung ist so subtil, daß man es nicht wahrnimmt, wenn man davon befallen wird. So ist es möglich, daß Christen, die mit einem Eifer ohnegleichen ein christliches Engagement lebten, ein oder zwei Jahrzehnte später bar allen Eifers, bar aller Liebe fast ausschließlich darum bemüht sind, ein sogenanntes geistliches Erbe zu hüten, wobei sie sich von blinden menschlichen Leidenschaften leiten lassen, die den Geist der Spaltung entfachen.

Wie kann man unter diesen Umständen eine weltumspannende Mission erhoffen, die heute mehr denn je für das Evangelium zu einer Frage auf Leben und Tod geworden ist? Das Evangelium ruft die Christen auf, alle Menschen zu gewinnen; in jeden von ihnen legt es ein Ferment der Universalität hinein. Aber unsere Spaltungen haben uns in christliche Ghettos eingeschlossen und uns damit unserer lebendigen Kräfte beraubt.

Das ist der Grund, warum wir heute, da uns das Ärgernis unserer Gespaltenheit offenbar geworden ist, als Vorbedingung für die Mission, die allen Menschen auf der Welt das Evangelium bringen kann, die Gemeinschaft unter uns sichtbar machen wollen. Die universale Sendung der Christen bei den Nichtglaubenden hängt entscheidend davon ab. Diese universale Sendung, das Bewußtsein, daß jeder Mensch für die Nachfolge Christi gewonnen werden muß, war von Anfang an typisch für die Kirche. Einheit und Mission sind nicht voneinander zu trennen.

So können wir heute jenes Gebet Christi zu unserer beharrlichen Bitte machen, das die Grundlage jeglichen Ökumenismus bildet: „Damit sie eins seien, wie wir eins sind ... damit die Welt glaube, daß du mich gesandt hast".

Kurz vor seinem Tod hat Christus schon die Tragödie unserer Spaltungen vorausgeahnt. Deshalb betet er, bevor er uns verläßt, noch inbrünstiger das Gebet: „Daß sie eins seien". Damit hat er die Christen aller Zeiten zur Einigkeit berufen. Solange die Menschen, die seinen Namen tragen, einander bekämpfen, solange sie nicht zu einer Gemeinschaft geworden sind, kann die Welt nicht glauben, daß alle Christen Kinder des gleichen Vaters sind. Die Christen selbst würden aufs neue jene Heuchelei in die Welt hineintragen, die Christus bei den Pharisäern angeprangert hat.

„Christus kann man nicht teilen", der Leib Christi ist einer. Alle, die sich Christen nennen, müssen sich davor hüten, durch ihre Konflikte den Menschen, die nicht glauben können, Ärgernis zu geben. Wir geben uns Rechenschaft darüber, daß uns die Welt mit Recht nicht ernst nimmt, wenn wir uns leichthin zu einem Gott der Liebe bekennen, dabei aber einander geringschätzen, obwohl wir den Namen Christi tragen. Kann man sich da noch wundern, wenn die große Menge der Nichtchristen unser Zeugnis nicht zur Kenntnis nimmt?

Wenn uns die Existenz der nichtchristlichen Massen und ihre feindliche Einstellung gegen uns, die wir uns auf Christus berufen, einmal bewußt geworden ist, dann wird manchem aufgehen, wie dringlich unsere Einheit ist, und die elementare Bedeutung der Katholizität wird sich uns erschließen. Ein Hauch von Weite wird durch die verschiedenen christlichen Konfessionen wehen, und eine Frage wird mehr und mehr in den Vordergrund treten: Was heißt das, der Kirche, dem Leib Christi, angehören? In wachsender Bereitwilligkeit, in echter Freundschaft für alle Menschen werden alle diese Glaubenden von neuem entdekken, welche Werte für den weltweiten Auftrag der Kirche in ihrer Einheit liegen. Es handelt sich nicht darum, nur die Menschen zu lieben, die gleich m Jesus Christus bekennen und auf meine Art beten.

Denn wenn ich nur die liebe, die mich lieben, was tue ich da schon? Tun das nicht auch die Nichtglaubenden?

Es geht um die Erkenntnis, daß ein Haus, das in sich uneins ist, Gefahr läuft, einzustürzen. Wird der Menschensohn am Tage seiner Wiederkunft auf Erden den Glauben finden? Wir müssen uns der tragischen Vorgänge bewußt sein, die in der Kirche und gegen sie spielen. Wenn wir der Welt weiterhin das Schauspiel der getrennten Christenheit bieten, was können wir dann einer Menschheit zu sagen haben, die unsere Inkonsequenzen klarer sieht als wir selber?

Manche Christen behaupten zwar, die Einheit der Kirche bestehe schon jetzt unsichtbar in Christus. Aber was bedeutet eine solche Einheit im Geiste, wenn sie nicht fähig ist, sich im konkreten Leben auszuwirken? Vor allem aber, wie könnten wir von den Menschen, die das Evangelium als „die Welt" bezeichnet, also von den Nichtglaubenden verlangen, daß sie mit den Augen des Glaubens sehen? Die Welt glaubt an das, was sie sieht, und was sie heute sieht, das ist eine gespaltene Christenheit. Nur durch unsere sichtbare Gemeinschaft können wir der Welt beweisen, daß wir Kinder des gleichen Vaters sind und an den gleichen Christus glauben.

Wenn wir also trachten, die sichtbare Gemeinschaft der Christen herzustellen, dann gehorchen
wir nur dem Willen Christi, wie er ihn in seinem
letzten Gebet – damit sie eins seien, damit die Welt
glaube – ausgesprochen hat. Nur aus diesem Geist
heraus kann man sich um die Voraussetzungen für
einen echten Ökumenismus bemühen, der auf der
einen wie auf der andern Seite eine Läuterung in
der gemeinsamen Liebe zu Jesus Christus herbei-
führt.

Bevor wir die Wege aufzeigen, auf denen der
Ökumenismus fortschreiten kann, gilt es, eine
ganze Anzahl möglicher Irrwege auszuschließen.

Der Konfusionismus (unklare Vorstellungen):
Manche Christen wollen sich über die wahren
Gründe der Glaubensspaltung hinwegtäuschen.
Nach ihrer Meinung ist die Einheit einfach damit
gegeben, daß man den Namen Jesus bekennt. Bei
den Spaltungen würde es sich also lediglich um
Fragen der Psychologie, der Geschichte und der
Terminologie handeln. Damit macht man sich
aber die Sache zu leicht. Echter Ökumenismus
setzt voraus, daß man nicht davor zurückschreckt,
die Dinge klar zu sehen. Es hilft uns nicht weiter,
wenn wir die wahren Ursachen der Spaltungen in

Abrede stellen und uns weigern, die strittigen Fragen klar zu definieren.

Man darf aber auch nicht der Versuchung erliegen, jede Bemühung um die Einheit unter den Christen abzulehnen, weil man darin von vornherein einen Konfusionismus, eine Verwirrung der Begriffe erblickt. Dadurch wird die Einsatzbereitschaft für den Ökumenismus im Keim erstickt.

Von Konfusionismus kann man nur dort sprechen, wo nicht die sichtbare Einheit, sondern ein Kompromiß im Bereich der unsichtbaren Einheit angestrebt wird.

Der Pragmatismus. Er liegt dort vor, wo man alle Gegensätze dem Teufelswerk der Theologen zuschreibt und sich deshalb überhaupt nicht bemüht, ihre Werke zu verstehen. Nach dieser Auffassung muß die Einheit ganz einfach in der Praxis verwirklicht werden. Die Wiedervereinigung der Christen ließe sich somit ohne Rücksicht auf die Spaltungen durch Zusammenarbeit auf sozialem und karitativem Gebiet erzielen, ja eine solche Zusammenarbeit würde für sich allein die von den Theologen aufgehäuften Schwierigkeiten aus der Welt räumen. Eine derartige Auffassung von der Einheit ist jedoch völlig unzureichend, wenn es auch richtig ist, daß Zusammenarbeit auf karitativem Gebiet ein vorzügliches Mittel darstellt, um den Boden für völlige Gemeinschaft im Glauben vorzubereiten.

Gelegentlich wird auch der gemeinsame Kampf gegen den Materialismus als eine Art Kreuzzug gegen die atheistische Welt vorgeschlagen. Aber ein solcher Zusammenschluß von Christen gegen andere Menschen wäre ein schwerer Verstoß gegen die Liebe. Das einzige Zeugnis, das die Welt annehmen wird, besteht darin, daß alle Christen miteinander eine Gemeinschaft des Friedens bilden.

Der Föderalismus. Auch der Gedanke an eine Föderation der Kirche muß verworfen werden. Diese Art des Zusammenschlusses kann zwar im gesellschaftlichen Bereich eine sehr glückliche Lösung darstellen, aber sie kann nicht mit der tiefen Gemeinschaft im Leib Christi gleichgesetzt werden.

Der Eschatologismus. Er vertritt die Auffassung, die Einheit unter den verschiedenen christlichen Gruppen müsse notwendig eine unsichtbare sein. Erst am Ende der Zeiten wird sie sichtbar werden. Ohne Zweifel werden bei der Wiederkunft des

Herrn alle Christen sichtbar um den großen Hirten versammelt sein. Aber dennoch müssen wir uns von dem Skandal Rechenschaft geben, den heute die sichtbaren Spaltungen unter den Christen, die sich doch zum gleichen Herrn bekennen, darstellen. Wenn man auch nicht mit Sicherheit vorhersagen kann, die Einheit werde in einem bestimmten Augenblick der Geschichte verwirklicht sein – sie wird es sein, wie und wann es Gott gefällt –, so ist der Ökumenismus doch eine Bewegung, die der Heilige Geist in Gang gebracht hat, damit sich alle Christen schon in dieser Welt sichtbar zusammenfinden.

Der Reunionismus (äußerliche Wiedervereinigung): Wir Menschen sind ungeduldig, der Herr aber kennt die Geduld. Es gibt Reifungsprozesse, die man abwarten muß. Es wäre falsch, Wiedervereinigungen erzwingen zu wollen, sie müssen vielmehr aus einer organisch gereiften Gemeinschaft herauswachsen. Der Reunionismus oder die äußerliche Wiedervereinigung stellt die kollektive Form des individuellen Proselytentums dar. Ist er aber Gehorsam gegen die Geduld Gottes?

Zur weiteren Klärung unserer Frage seien noch zwei innere Einstellungen angeführt, die mit Ökumenismus nicht vereinbar sind.

Das Sektierertum. Dem Sektierertum begegnet man in allen Bereichen menschlichen Denkens. Es liegt darin eine subtile Versuchung zur Selbstbespiegelung im eigenen Denken, verbunden mit dem Gefühl der Überlegenheit. Wir müssen uns darüber klar sein, daß wir alle in diese Falle gehen können, besonders wenn wir eine theologische Ausbildung haben.

Der Integrismus (Die Verteidigung der Unversehrtheit des geistlichen Erbes). Wer hätte den Mut zu sagen, es heiße nicht, als Jünger des Herrn zu denken und zu handeln, wenn man sich bemüht, das geistliche Erbe der Kirche unversehrt weiterzugeben an die, die nach uns kommen, die Unversehrtheit des Glaubens zu verteidigen?

Aber genauso wie sich das Sektierertum unter dem Vorwand, die Wahrheit zu verteidigen, zur Opposition verhärtet, genauso macht auch die Sorge um die Unversehrtheit des Glaubens hart, schroff, kategorisch. Es geht nicht mehr um die Wahrheit in der Liebe, sondern man zieht in den

Streit, um das zu verteidigen, was man für ein unantastbares geistliches Erbe hält. Diese Haltung kommt in allen christlichen Konfessionen vor. Da schafft die ökumenische Bewegung ein neues Klima, weil sie den Dialog unter allen Kirchen fördert. So hat die orthodoxe Kirche, als sie sich trotz ihrer Überzeugung, im Besitz der ganzen Wahrheit zu sein, dieser Bewegung anschloß, vielen Evangelischen die Möglichkeit geboten, kirchliche Wahrheiten kennenzulernen, von denen sie bis dahin nichts wußten.

Und damit kommen wir zu der Frage nach den Grundsätzen, von denen sich die Christen in ihren Bemühungen um die Einheit inspirieren und leiten lassen müssen.

Der Dialog

Vor allem müssen wir lernen, den andern anzuhören, in sein Denken, seine Einstellungen einzudringen und sie von innen heraus zu verstehen, anstatt lange Monologe zu führen, in denen man nur sich selbst zuhört. Ein Gespräch führen heißt nämlich nicht, den eigenen Gedanken weiter zu verfolgen in den uns eigenen Denkformen und in den Kategorien, an die wir gewöhnt sind; es heißt vielmehr, auf den andern, auf sein System eingehen können, um ihn zugänglich zu machen. Wer ein Gespräch führen will, muß auf jede polemische Argumentation verzichten, er muß sich entschließen, den andern so zu sehen, wie er sein will, nicht aber wie Jahrhunderte fruchtloser Gegensätze ihn uns erscheinen lassen. Ziel ist, daß man einander „begegnet", einander „durchdringt", sich mit einer Theologie, einer Philosophie, einer Spiritualität, ja zuweilen mit einer Skala sittlicher Werte vertraut macht, die von den eigenen so verschieden sind, daß zwischen ihnen überhaupt keine Beziehung zu bestehen scheint. Und das ganz einfach deshalb, weil wir uns in der Wahrheit lieben müssen. Das setzt ferner auch voraus, daß man sich Zeit nimmt, den rechten Ton zu finden, sich freizumachen von Mißtrauen, sich so zu geben, wie man wirklich ist. Gespräch ist das Gegenteil von Polemik.

In Jahrhunderten haben wir uns daran gewöhnt, einander von oben herab und aus der Ferne abzuurteilen. Es ist freilich leicht, aus den Höhen, auf denen wir wohnen, unumstößliche Urteile über andere Christen zu fällen. Zu wirklichem Verstehen aber gelangen wir nur auf den Wegen der Liebe. Verstehen will hier also nicht nur heißen, daß man die Einstellungen des andern von Grund auf kennt, sondern man muß sich auch bemühen, die Beweggründe, den Reifungsprozeß, die Folgerungen, die zu diesen Einstellungen führten, zu lieben. Man muß die Einstellungen des Nächsten lieben, so wie sie sich im Laufe der Geschichte der Kirche entwickelt haben. Man muß versuchen, sich in das Gebet, in das Denken des andern hineinzufinden, zu verstehen, warum dieser Nächste anders denkt und betet als ich.

Die Reinheit der Absichten

Schon in unserem Bemühen, den Dialog in Gang zu bringen, müssen wir frei sein von Hintergedanken. Wir sind zusammen, weil Gott uns sendet, nicht um uns gegenseitig zu bekehren. Wer den Weg des Ökumenismus mit dem Vorsatz beschreitet, den andern zu sich herüberzuziehen, der wird von vornherein zum Verräter am ökumenischen Geist. Der irenische Gedankenaustausch, der allen großen Initiativen in der Kirche Jesu Christi vorausgeht, kommt nur in der Reinheit der Absichten zustande. In vollem gegenseitigem Vertrauen stellen wir uns auf einen loyalen Gedankenaustausch ein, in dessen Verlauf sich das gegenseitige Verständnis vertieft.

Ohne das Gebet um die Einheit wäre die ökumenische Arbeit eine blutlose und daher vergebliche Sache. Trotz aller Schwierigkeiten, die sich durch die Sünde und die menschlichen Traditionen der einen wie der andern angehäuft haben, läßt das Gebet auch in der Tiefe der Sackgassen, die unseren Fortschritt unablässig hemmen, die Hoffnung und die Liebe immer wieder neu aufleben. Im Gebet um die Einheit rufen wir die Barmherzigkeit Gottes herab, indem wir demütig unsere Fehler und die Hindernisse, die wir uns selbst in den Weg legen, einbekennen, und wir legen Fürbitte ein für alle jene Menschen, die besonders für die Einheit arbeiten, damit sie in Gott und durch ihn zu Werkzeugen der Gemeinschaft werden. Auch müssen wir uns im Gebet die Dimensionen der Kirche ins Bewußtsein rufen, indem wir uns in die Gemeinschaft der Heiligen hineinstellen. Und in der Danksagung müssen wir alles bedenken, was Gott, der Urheber dieser Gemeinschaft, schon getan hat. Auf seiner Verheißung beruht unser innerer Friede.

Die Geduld

All unser Tun und Beten muß im Zeichen der Geduld Gottes stehen. Wir wissen, daß Gottes Wege nicht unsere Wege sind. Deshalb ist die Geduld eine für den ökumenischen Dialog wesentliche Tugend. Ohne sie kann man die Wege Gottes nicht erkennen. Menschlich gesehen, schiene es undenkbar, daß sich die seit Jahrhunderten bestehenden Spaltungen in der unmittelbaren Zukunft beseitigen lassen. Dazu wäre eine für den menschlichen Geist unvorstellbar große Umwälzung notwendig. Aber Gott ist am Werk, wir sind seine Arbeiter. Von uns wird verlangt, daß wir unsere Arbeit und unser Gebet treu und beharrlich fortsetzen.

Die Armut im Geiste

Laien wie Theologen, die zum Ökumenismus berufen sind, sollen immer auf die Kleinen, die Demütigen im Volke Gottes schauen. In der unbeholfenen Geste einer armen Frau kann sich eine Inbrunst offenbaren, die unsere Unduldsamkeit erschüttert und uns zum Bewußtsein bringt, daß die Wahrheit Gottes im gesamten Volk Gottes ihren Ausdruck findet. Jeder empfängt sein Maß, das Charisma, durch das er das Denken der Kirche mitprägt, aber es muß auch jeder aufmerksam auf den Glauben hören, der den seinen ergänzt, weil auch dieser Glaube einen Beitrag zur Harmonie im großen Chor der Heiligen leistet.

Und wenn wir so die Demütigen betrachten, dann sollen wir an die prophetische Vision der Jungfrau Maria denken, durch die es ihr geschenkt war zu verkünden, daß durch das Kommen Christi die Schwachen und Kleinen erhöht, die Mächtigen und Starken aber erniedrigt werden. Und sind wir Menschen der Kirche nicht oft die Starken dieser Welt?

Die Spannung
zwischen Kirche und Welt leben

Die Forderung, daß der Christ mitten im Leben der einen universalen Kirche und gleichzeitig mitten im Leben der Menschen stehen soll, wirft eine Frage von solcher Dringlichkeit und Tragweite auf, daß es überheblich scheinen mag, wenn wir hier die bescheidene Antwort geben, die aus Taizé hervorgeht. Denn wir sind uns wohl bewußt, daß zwischen unserem Versuch – dem Versuch schwacher Menschen – und den Horizonten, vor denen wir stehen und die so weit sind, daß allein ihr Anblick unseren Blick beunruhigt, ein Mißverhältnis besteht. Es gilt also, bescheiden zu bleiben.

Aber das Wort ist Fleisch geworden, und als Zeugen des Wortes müssen wir bei all unserer menschlichen Schwachheit mit möglichst großem Sachverstand und Liebe uns dem stellen, zu dem dieses Wort uns ruft. Von daher wird es verständlich, daß in unserem gemeinsamen Dienst für Jesus Christus zwei Hauptaufgaben im Vordergrund stehen, nämlich die Bemühung um die Wiedervereinigung der Christen und der Wille, das Leben der Menschen an gewissen neuralgischen Punkten mitzuleben. Ja, gerade in der Spannung zwischen diesen beiden Polen verwirklicht sich das Gleichgewicht unserer Berufung als Gemeinschaft.

Ein gemeinsames Leben läßt sich in der Kirche und in der Welt nicht ohne Gefahren und Schwierigkeiten realisieren. Die Christen erweisen sich ja neuen Versuchen gegenüber oft so ängstlich, so zaghaft, sie wünschen so sehr, den Konformismus des geistlichen Erbes zu bewahren! Andrerseits besteht die Gefahr, daß wir in unserer Präsenz in der Welt eine Zuflucht suchen, eine neue Atmosphäre, in der wir freier atmen können als in gewissen alternden christlichen Milieus.

Der innere Antrieb zur Wiedervereinigung der Christen wird in uns dadurch dauernd erneuert, daß wir bemüht sind, uns ganz an das Evangelium zu halten. Das Evangelium aber fordert, daß wir alle Menschen lieben, also kann es keine feindselige Einstellung gegen gewisse Christen dulden. Diese Entschlossenheit, mit dem Bekenntnis des Evangeliums zur Liebe ernst zu machen, birgt eine unermeßliche Kraft in sich, die zu einem der Werkzeuge werden könnte, die eines Tages die konfessionellen Schranken niederbrechen werden.

Wer sich auf diesen Standpunkt stellt, will damit keineswegs die Christen früherer Zeiten verurteilen, sondern er fühlt einfach, daß heute von ihm ein unerschütterlicher Entschluß gefordert ist, weil er bei den Spaltungen unter den Christen nicht mitspielen kann. Seine Haltung angesichts der Inkonsequenz, die in der Gespaltenheit der Christen liegt, gleicht der des Wehrdienstverweigerers aus Gewissensgründen.

Wir, die wir es ablehnen, uns mit einem guten konfessionellen Gewissen zu begnügen, wir wollen mit den uns zur Verfügung stehenden Mitteln versuchen, eine Bresche in die Schranken zu schlagen, die die Christen voneinander trennen. Ein solches Programm für den Dienst muß durch Generationen beharrlich fortgesetzt werden. Es setzt also eine brennende Geduld voraus. Aber ist nicht gerade eine zönobitische Gemeinschaft – und das bedeutet „Lebensgemeinschaft" – einer jener Orte, wo Kontinuität möglich ist und um den herum die Wogen der Begeisterung für oder des Zweifels gegen den Ökumenismus sich brechen können?

Wenn wir die heutigen Kirchen, ihre Schätze und ihre Schwächen, nicht kennen würden, wenn wir nicht in der Lebensmitte der Kirche beharrlich beten würden, könnten wir nicht das schwierige

Experiment wagen, den einen oder anderen unserer Brüder auszusenden, ihn an eine der Wegkreuzungen im Leben der Menschen zu schicken.

Wir mußten feststellen, daß die Versuchung der Flucht, die manche in unserer Berufung zu erkennen glaubten, für uns nicht in dem Wunsch liegt, uns auf unsere christlichen Kreise, auf das zurückzuziehen, was wir Ghetto nennen und wo eine noch viel strengere „Klausur" besteht als in einem Kloster. Für uns liegt die Versuchung anderswo und ist viel subtiler. Sie liegt in der Möglichkeit, daß uns die Welt anzieht, wo wir bei den Nichtglaubenden oft ein klareres Urteilsvermögen und eine größere Fähigkeit zur Selbstkritik, mehr Verständnis für das Menschliche, mehr Wohlwollen finden, nicht aber die Neigung, sich zum Richter über die andern aufzuspielen. Alle diese Werte müßten bei den Christen florieren; ohne sie ist man zu einem langsamen Erstickungstod verurteilt. Nicht selten haben wir gerade in der Welt unseren Weg wiedergefunden, einfach weil man dort frische Luft atmet. Für uns könnte also die Versuchung des leichteren Weges darin bestehen, daß wir unsere alten Kirchen verlassen, um uns nur an die neuralgischen Punkte im Leben der Menschen zu stellen.

Es könnte somit gefährlich sein, junge Brüder in die Welt der Arbeiter hineinzuwerfen, wo sie bei Gewerkschaften einen Hunger nach Gerechtigkeit und einen Willen zu praktischen Verwirklichungen entdecken, wie sie in christlichen Kreisen nur allzuoft fehlen, obgleich man dort aus den Seligpreisungen die Forderung nach Gerechtigkeit kennt. Darum müssen wir uns hinsetzen und prüfen, ob wir die nötigen Kräfte, das nötige Material haben, bevor wir anfangen, einen Turm zu bauen. Nicht jeder kann das Risiko des Abenteuers wagen, aber es gibt auch Menschen, die es auf sich nehmen müssen. Sie haben die nötigen Gaben empfangen und sind es sich schuldig, sie nutzbar zu machen. Sollten die Christen, denen die vom Herrn der Kirche und der Welt verheißene Macht zu Gebote steht, die einzigen sein, die untätig bleiben, weil sie die Gefahren, die Versuchungen, die Welt fürchten?

Unsere Berufung hat zum Ziel, daß wir als Gemeinschaft Jesus Christus dienen. Aber wenn wir von gemeinsamem Dienst sprechen, so heißt das nicht, daß wir unter einem Dach zusammenleben müssen. Es heißt vielmehr, daß wir ganz aufeinander abgestimmt bleiben, auch wenn wir über die Erde zerstreut sind. Und wir möchten, daß unser Dienst kühn ist. Wir wollen dort stehen, wohin andere Christen auf Grund legitimer Verpflichtungen nicht gehen können. Wir wollen auf den vorgeschobenen Posten stehen, auf den neuralgischen Punkten im Leben der Menschen.

Unsere Berufung hat uns gelehrt, ein Gleichgewicht in einem Leben zu finden, das im Schnittpunkt von Kirche und Welt gelebt wird.

Zwei Formen von Dienst standen vor uns, Kontemplation und Aktion. Sie schlossen einander durchaus nicht aus. Und so haben wir uns bemüht, sie miteinander zu vereinen. Wäre unsere Berufung eine rein kontemplative gewesen, so hätten wir uns ganz auf das objektive Gebet, das Gebet der Kirche aller vergangenen Jahrhunderte verlegt, und es wäre nicht nötig gewesen, daß wir uns ins Leben der modernen Menschen hineinstellen. Da wir uns aber gleichzeitig zu einem Leben mitten unter den Menschen gedrängt fühlten, hat sich unser inneres Leben zu dem entwickelt, was wir mit einem vielleicht nicht sehr glücklich gewählten Ausdruck als „sportliche Spiritualität" bezeichnen. Wir verstehen darunter das Bemühen, in inserer christlichen Existenz das Menschliche zu verkörpern, auf der Linie zu kämpfen, die Paulus aufzeigt: „Ich züchtige meinen Leib und unterwerfe ihn, ich führe den Faustkampf gegen mich selbst, damit ich nicht selbst einst unbewährt erfunden werde, nachdem ich anderen gepredigt habe."

Wenn es eine Spiritualität von Taizé geben würde, dann würde diese nur in dem Willen bestehen, dem Rat des Paulus entsprechend zu „laufen", und zwar miteinander zu laufen, nicht mehr jeder für sich allein; anders ausgedrückt, das rein individuelle Heilsstreben aufzugeben, weil man das Heil aller Menschen möchte. Dieser Lauf trägt uns dem Ziel entgegen. Wir können nur laufen, wenn wir miteinander auf den Christus der Herrlichkeit blicken.

Die Kräfte für dieses gemeinsame Mitgerissenwerden schöpfen wir aus dem Gebetsschatz aller Jahrhunderte. Das Gebet, das uns am Morgen, am Mittag und am Abend zusammenführt, wo immer wir sein mögen, hat unser gemeinsames Leben gezimmert. Und wiederum ist es dieses Gebet, das uns in die Welt hinaustreibt, damit wir dort Zeugnis geben von der Freude und der Liebe Christi.

Drei große Zeichen sind uns gegeben, damit wir in diesem Dienst für Gott durchhalten. Sie rufen uns unablässig das Absolute unserer Berufung ins Bewußtsein. Durch sie haben wir teil an der großen Familie des Mönchstums. Es ist wichtig, diese Zeichen in ihrer ganzen Bedeutung zu verstehen. Darum wollen wir hier näher auf sie eingehen.

Der Zölibat

Die Keuschheit des Zölibats ist überhaupt nur um Christi und des Evangeliums willen möglich. Denen, die Frau, Kinder, Äcker... verlassen haben, muß man dies immer wieder in Erinnerung rufen. Ohne eine solche Einstellung zum Zölibat wäre man von vornherein verurteilt zu verbittern, zu scheitern, vielleicht sogar geistlich zu verkommen. Ohne sie wird die Fülle des christlichen Lebens, die an sich im Zölibat genauso groß ist wie in der Ehe, an ihrer Basis zerstört.

Diese Wirklichkeit ist so schwer zu fassen, daß man es denen nicht übelnehmen darf, die die Lehre Christi über den Zölibat nicht verstehen. Er betont selber: „Wer es fassen kann, der fasse es."

Und die Lehre Christi über die Ehe und die Ehelosigkeit – das muß betont werden – ist heute noch genauso umstürzend wie am ersten Tag. Um sie zu begreifen, muß man sich in das Klima des Alten Bundes zurückversetzen.

In Israel faßt man die Ehe im Sinne des „wachset und vermehret euch" als eine Art natürlicher Pflicht auf. Es ist vor allem wichtig, Abraham eine Nachkommenschaft zu sichern; daher der Nachdruck, der im Hinblick auf das Weiterleben des Volkes Israel auf der Zeugung liegt. Zieht man aber in Betracht, wie außerordentlich leicht die Scheidung gemacht war – es genügte ja schon ein Scheidebrief, um die eheliche Bindung zu lösen –, so wird man bald gewahr, daß die Monogamie in Israel Gefahr läuft, zu einer aus einer Reihe aufeinanderfolgender monogamer Ehen bestehenden Polygamie zu werden. Auf diese Weise wird das ursprüngliche Gebot, „du sollst nicht Ehe brechen", gewahrt und das Gewissen des Menschen beruhigt.

Das religiöse Gesetz verlangt, daß alle sich verheiraten, und darum kann man sagen, daß es zur Zeit der Ankunft Christi eigentlich keine Berufung zur Ehe gab, denn eine freie Entscheidung war gar nicht möglich.

Christus stellt also eine neue Ordnung auf. Seither ist jeder Mensch in der Kirche vor zwei schwierige Berufungen gestellt, die beide mit Verzicht, Einschränkung und Opfer verbunden sind, denn von Natur aus liegt dem Menschen die wirklich monogame Ehe, die keine Scheidung zuläßt, ebensowenig wie der Zölibat. Es ist nun nicht mehr nötig, Abraham um jeden Preis Nachkommen zu sichern. Jesus selbst – wahrer Mensch und wahrer Gott – wählt für sich den Zölibat um des Reiches Gottes willen.

Im Christentum besitzen Ehe wie Ehelosigkeit den Charakter des Absoluten. Um Christi willen werden beide zu Zeichen für das kommende Reich. Beide auferlegen dem Menschen gefährliche Lebensbedingungen, die er nur um Christi und des Evangeliums willen auf sich nehmen kann.

Die Reformation hat sich in ihrem Wunsch, alles aus der Bibel zu begründen, hinsichtlich des Zölibats häufig auf einen nur alttestamentlichen Standpunkt gestellt. Im 16. Jahrhundert befaßte man sich vor allem mit gewissen Mißbräuchen des kirchlichen Zölibats und kümmerte sich wenig um seinen evangeliumsgemäßen Wert. Bestenfalls akzeptierte man unter Berufung auf Paulus die praktische Nützlichkeit des Zölibats. In Wahrheit aber besteht der Inhalt der Berufung zum Zölibat vielmehr darin, daß er in einer verhärteten Welt, die nicht hören kann und sichtbarer Zeichen bedarf, ein extremes Zeichen des Widerspruchs setzt. Ein Leben, das im Namen Christi in echter Keuschheit dargebracht wird, stellt im sexualisierten Klima der Welt eine Frage von großer Tragweite dar.

Warum verzichten? Es handelt sich um Gehorsam gegen ein Gebot des Evangeliums und nicht gegen ein Gebot der Natur. Deshalb gewinnt die Berufung zum Zölibat ihren vollen Wert dann, wenn sie von Männern und Frauen verkörpert wird, die Menschen aus Fleisch und Blut und manchmal mit einer feurigen Seele begabt sind, von leidenschaftlichen Menschen mit einem oft reichen Gefühlsleben und großen menschlichen Möglichkeiten. Die Berufung zum gemeinsamen Leben macht es möglich, durch die Gegenwart von solchen Männern und Frauen dieses Zeichen des Widerspruchs überall aufzurichten – im Betrieb, im Büro oder auch in der Forschung.

Aber es sei noch einmal gesagt: Nur dann sind christliche Ehe und christliche Ehelosigkeit vollwertig, wenn sie im Gehorsam gegen den Herrn der Kirche gelebt werden mit dem ausschließlichen Ziel, ihn mehr zu lieben. Sofern man sie aus Liebe zu Gott und zum Nächsten auf sich nimmt, werden sie nie zu einem Hindernis für die persönliche Entfaltung werden. Wo das nicht der Fall ist, kommt es rasch zu einem Rückfall in die Eigenliebe. Man liebt dann nicht mehr um Christi und des Evangeliums willen, die Liebe will nicht mehr geben, sondern vor allem besitzen und an sich reißen. So können die besten Eheleute aus ihrer Ehe eine Zelle, die zum Tode führt, machen, wenn alles nur mehr im Dienst des irdischen Glückes steht. Christlichen Eltern kann es geschehen, daß sie ihre Kinder nur um der eigenen Befriedigung willen lieben. Und auch Menschen, die den Zölibat leben, können nach und nach auf dieselbe abschüssige Bahn geraten. Ihre allzu große Sensibilität, ihre Angst, aus sich herauszugehen, verwandelt sich in eine introvertierte Empfindlichkeit und macht sie zu Menschen, die nur mehr aus Übelnehmen bestehen.

Wenn die Liebe Christi sich nicht unseres ganzen Wesens bemächtigt, wenn wir uns nicht ganz von seiner Liebe durchwirken lassen, können wir weder in der christlichen Ehe noch im christlichen Zölibat erwarten, daß wir ihrer ganzen Fülle teilhaftig werden.

Wer in die monastische Familie eingetreten ist, bekundet durch sein endgültiges Engagement zur Ehelosigkeit seinen Willen, ein Mensch einer einzigen Liebe zu werden. Die monastische Berufung – was wörtlich bedeutet: „Berufung zur Einsamkeit" – führt den, der ihr folgt, in eine gewisse Einsamkeit mit Gott. Und weil der, der diese Berufung lebt, den unsichtbaren Gott lieben muß, ohne die Menschen, die er sieht, zu hassen, so wird sein Liebesvermögen aus der einzigen Quelle – aus

Christus – gespeist. Dabei hilft ihm die Keuschheit des Zölibats, der Mensch einer einzigen Liebe zu werden.

Es bleibt noch eine Frage. Wie kann man eine Bindung auf Lebenszeit eingehen, wenn die Ehe so hohe Anforderungen stellt? Das war es ungefähr, was die Jünger mit ihrer Frage meinten. Hinsichtlich des Zölibats haben wir uns gefragt, ob wir das Recht haben, uns fürs ganze Leben zu binden. Heißt das nicht, dem freien Wirken des Heiligen Geistes Schranken setzen? Aber machen wir uns nicht Gedanken über die Freiheit Gottes nur aus dem Wunsch heraus, uns nicht auszuliefern, uns selbst zu bewahren, als wäre Gott nicht frei und mächtig genug, um seinen Ruf deutlich vernehmbar zu machen? Für uns gab es nur die eine Antwort, daß wir uns einzig um der Verheißungen Christi willen binden: „Wer Vater, Mutter, Frau, Kinder verläßt … der wird hundertfach empfangen jetzt in dieser Zeit und in der zukünftigen Welt das ewige Leben." Sobald wir uns mit Christus einlassen, läßt er sich mit uns ein. Darin steckt eine Erfahrungswahrheit, die uns einen Ruf bestätigte, den vielleicht nur der ganz verstehen wird, dem es gegeben ist.

„Wenn der Zölibat eine größere Verfügbarkeit für die Sache Gottes bewirkt, so kann man ihn nur auf sich nehmen, um sich noch mehr dem Nächsten hinzugeben mit der Liebe Christi selbst."

„Unser Zölibat bedeutet weder Unterdrückung menschlicher Zuneigung noch Indifferenz, sondern er beruft uns zur Umwandlung unserer natürlichen Liebe. Christus allein bewirkt die Verwandlung der Leidenschaften in völlige Liebe zum Nächsten. Wenn der Egoismus nicht von einer wachsenden Großmut übertroffen wird, wenn dein Herz nicht dauernd erfüllt ist von einer unermeßlichen Liebe, dann kannst du nicht mehr Christus in dir lieben lassen und dein Zölibat wird dir zur drückenden Last."

„Dieses Werk Christi in dir verlangt unendlich viel Geduld."   (Regel von Taizé)

Das Engagement für die Keuschheit ist der Ruf, radikale Lauterkeit zu leben, und zwar bisweilen unter Umständen, die sie in Gefahr bringen. Es ist daher nicht zuviel gesagt, wenn man von heroischer Keuschheit spricht in einem notwendigen Kampf, der uns mit Leib und Seele an Christus bindet.

Die Lauterkeit des Herzens bewirkt, daß wir Gott schauen: „Selig, die lauteren Herzens sind, sie werden Gott schauen." Auf diese Verheißung, daß wir Gott schauen werden, daß wir ihn schon sehr bald, schon in unserem irdischen Dasein schauen werden, müssen wir uns stützen. Das allein hat forthin Bedeutung. Ohne diese Sehnsucht, Christus zu schauen, darf man nicht hoffen, in der Lauterkeit des Herzens und des Fleisches festbleiben zu können. Ohne diese Erwartung, die man durch die schweigende Kontemplation des Gottessohnes Christus in sich lebendig erhält und erneuert, ist keine Lauterkeit denkbar, denn das Bedürfnis nach völligem Ineinanderaufgehen, das seine Stillung in der körperlichen Vereinigung sucht, ist so stark in jedem Menschen, daß jeder endgültige und unaufhebbare Verzicht auf alles fleischliche Begehren, sogar auf das in der Phantasie, notwendig in dumpfe Auflehnung zu führen scheint.

Nur der Wunsch, Christus zu schauen, wird diesen Durst löschen können und es möglich machen, in der Keuschheit fest zu bleiben, dem Ruf zur Lauterkeit des Herzens zu entsprechen und darin glaubwürdig zu bleiben. Die Kontemplation des lebendigen Christus in den Evangelien, des Christus der Herrlichkeit im Gebet der Kirche, macht uns nach und nach ganz von selbst von allem frei, was beunruhigt und was wir uns nicht eingestehen.

„Sich das Auge ausreißen, die Hand abhauen, wenn sie uns Anlaß werden zu Fall", „seinen Leib hart in Zucht nehmen"... all dieser Kampf ist nur zulässig um Christi und des Evangeliums willen. Gewiß, es gilt zu kämpfen wie ein guter Sportler in der Arena, um den Preis zu erringen. Das Auge ausreißen, um sich neue Gewohnheiten anzueignen und zu lernen, einen ganzen inneren Mechanismus zu meistern, der in dieser oder jener Lage die Abfolge der Phantasiebilder heraufbeschwören kann. Am Ende des Weges mit Christus die Ruhe unseres fleischlichen Lebens in Gott finden.

Aber nie dürfen wir vergessen, daß ohne die Kontemplation kein Versuch gelingen kann, jene Läuterung zu erlangen, in der man Gott schaut. Ohne Kontemplation wird die Askese zum Selbstzweck. Sie verfolgt eine unerreichbare Reinheit, die man schließlich um ihrer selbst willen liebt, in der man sich selbst sucht.

Nur wenn wir unseren Blick auf Christus gerichtet halten, wird unsere langsame Umwandlung möglich. Nach und nach verwandelt sich unsere natürliche Liebe in lebendige Nächstenliebe. Die Überschreitung ist vollzogen. Herz, Gemüt, Sinne, alles Menschliche ist noch da und durchaus lebendig, aber ein anderer als wir gestaltet es um.

Die Gütergemeinschaft

Den Besitz zusammenzulegen schützt nicht vor möglicher Armut: „Die Kühnheit, alles, was heute da ist, aufs beste zu nutzen, sich ohne Furcht vor möglicher Armut keinerlei Kapital zu sichern, verleiht eine unschätzbare Kraft. Wenn du dagegen wie Israel das Brot, das vom Himmel gekommen ist, für morgen zurücklegst, wenn du Zukunftspläne ausarbeitest, dann bist du in der Gefahr, die Brüder unnütz zu überfordern, die doch berufen sind, im jetzigen Augenblick zu leben."   (Regel von Taizé)

In unserer Berufung laufen wir Gefahr, die Armut zu idealisieren! Aber das Evangelium hat die Armut nie kanonisiert! Christus versteht unter dem Armen den Demütigen aus seinem Volk und auch den, der seinen Besitz nicht dazu benützt, die Seele des Nächsten in seine Gewalt zu bekommen. Christus hat selbst durch sein Leben einen Weg für die Menschen vorgezeichnet: Er lebt mitten unter Sündern und weil er ihre Menschlichkeit versteht und ihr Herz erfreuen will, verwandelt er in Kana das Wasser in Wein. Er liebt die Unglücklichen und steht gegen die verhärteten Reichen auf. Gehört die Erde, die sie unter sich aufgeteilt haben, denn nicht letztlich „mit allem, was sie umfaßt, dem Herrn"?

Eine voll bejahte Armut kann in einem christlichen Leben die tragende Kraft sein und zu innerer Freiheit verhelfen, die durch Besitz nicht gefördert würde. Dennoch ist die Armut keineswegs die ideale Lebenslage für den Christen. „Die Armut an sich ist keine Tugend. Der Arme im Sinne des Evangeliums lernt zu leben ohne Sicherung für den morgigen Tag, in dem fröhlichen Vertrauen, daß für alles gesorgt sein wird. Der Geist der Armut besteht nicht darin, sich armselig zu geben, sondern darin, alles so zu halten, wie es der schlichten Schönheit der Schöpfung entspricht. Der Geist der Armut ist Leben in der hellen Freude am Heute. Wenn Gott die Güter der Erde umsonst austeilt, ist es Gnade für den Menschen zu geben, was er empfangen hat." (Regel von Taizé)

Warum sich in soviel fieberhafter Aktivität aufreiben? Wider unsern Willen beherrscht uns die Überzeugung, Armut sei eine Schande. Denn die Armut wird verachtet. In der Welt herrscht das Vorurteil, man könne das Bildungsniveau an der Höhe des Einkommens messen. Unter „Bildung" versteht man dabei äußerliche, künstliche Gewohnheiten, alle diese Bedürfnisse, die uns beherrschen und knechten, ohne daß wir uns dessen bewußt sind. Wenn aber heute nacht deine Seele von dir gefordert wird, für wen hast du all diese Güter aufgehäuft?

Wer sich zum gemeinsamen Leben bekennt, ist deshalb noch nicht von der Sorge um das tägliche Brot befreit, besonders wenn er ausschließlich von seiner Arbeit lebt. Er weiß, es ist ein weiter Weg von der Lehre, „jedem Tag genügt seine Plage", bis zu ihrer Verwirklichung.

Ihren wahren Wert erlangt die Gütergemeinschaft erst dann, wenn wir aus der Kühnheit Gottes leben: alles gemeinsam tragen; falls nötig in der armseligsten Bleibe uns wieder zusammenfinden; und sollten alle Quellen versiegen, trotz der Armut unserem Auftrag treu bleiben.

Es wagen, gefährlich zu leben; aufbrechen wie Abraham, der nicht wußte, wohin er ging; uns ganz dem Vertrauen überlassen, daß für jeden Tag gesorgt sein wird; und so dem Geist des Besitzenwollens den Boden entziehen.

Würde die Gütergemeinschaft nur für die materiellen Dinge gelten, dann wäre sie sehr begrenzt.

Sie soll uns zur Gemeinschaft der geistigen und geistlichen Güter führen, der Leiden und der Freuden.

„In der Transparenz der brüderlichen Liebe gestehe schlicht deine Fehler ein, nimm sie aber nicht zum Vorwand, um die der andern herauszufinden. Wo die Brüder auch sind, pflegen sie untereinander den kurzen und häufigen Austausch".

(Regel von Taizé)

Die Transparenz von Mensch zu Mensch bedeutet nicht, daß man einem persönlichen Mitteilungsbedürfnis nachgibt, sondern sie bedeutet Lauterkeit der ganzen Person.

Es wäre auch verfehlt, die Offenheit einem Bruder gegenüber mit der Beichte zu verwechseln. Diese wird abgelegt gegenüber dem Herrn des Himmels und der Erde – in Gegenwart eines Menschen, der zu diesem Dienst beauftragt ist.

Die Geschichte der Kirche kennt Perioden, in denen die Armut das Zeichen des Widerspruchs war und die Kraft besaß, ganze Völker, die gerade erst zum Christentum übergetreten waren, aufzurütteln. Heute müssen die Christen, ohne vor der möglicherweise damit verbundenen persönlichen Armut zurückzuschrecken, die Hingabe ihres Lebens dadurch kenntlich zu machen suchen, daß sie willens sind, den in einigen Teilen der Erde konzentrierten Reichtum unter allen Menschen zu verteilen. In der Tatsache, daß heute eine auf dem Atheismus gründende Lehre für die Verteilung der materiellen Güter kämpft, liegt eine große Herausforderung für die Kirche.

Die heutigen Christen sind mit Blindheit oder Verkalkung geschlagen, wenn sie die ursprüngliche Berufung der Christen durch das Evangelium, „alles gemeinsam zu haben", nicht mehr begreifen können. Sie vergessen oder wissen nicht, daß bei den großen Kirchenlehrern in den ersten Jahrhunderten gerade dieses Anliegen im Vordergrund stand, so klar sahen diese die Gefahr voraus, die vom Kompromiß droht. An uns ist es, ihre Lehre in aller Ruhe zu überdenken. Sie spricht für sich selber. Zuvor aber wollen wir uns die Frage stellen: Sollte die Kirche, die nach wie vor das Licht in der Finsternis bleibt, sich nicht darüber freuen können, wenn sich in der Welt die Suche nach Gemeinschaftsformen durchsetzt und somit Gebote des Evangeliums zu menschlichen Lebensformen werden? Es braucht sich dabei nicht unbedingt um eine Bekehrung der Welt zum Christentum zu handeln. Die Welt wäre unter dem Einfluß des Evangeliums zu einer relativen Ordnung gelangt, die die Kirche immerhin als ein geringeres Übel betrachten könnte.

So können wir bei Ambrosius von Mailand lesen: „Die Erde ist für alle, für die Reichen wie die Armen, geschaffen worden. Warum maßt ihr Reichen euch also das Monopol des Eigentums an Grund und Boden an? Die Natur kennt keine Reichen, sie bringt nur Arme hervor … Es sind nicht deine Güter, von denen du freigebig an die Armen abgibst, du gibst ihnen vielmehr nur einen Teil von dem zurück, was ihnen gehört, denn das Gut, das du an dich reißt, ist ein gemeinsames Gut, das allen zum Gebrauch gegeben wurde. Die Erde gehört allen, nicht nur den Reichen."

Johannes Chrysostomus drückt sich nicht weniger kategorisch aus: „Streitigkeiten und Kriege kommen daher, daß einige versuchen, sich das anzueignen, was allen gehört. Es ist, als empöre sich die Erde dagegen, daß der Mensch mit dem kalten Wort ‚dein‘ und ‚mein‘ das aufteilt, was Gott als Einheit geschaffen hat … Die Worte ‚dein‘ und ‚mein‘ sind bar jedes Sinnes, sie stehen nicht für eine Wirklichkeit. Es sind die Güter der Armen, deren Verwalter ihr seid, und zwar auch dann, wenn ihr durch ehrliche Arbeit oder Erbschaft in ihren Besitz gelangt seid … Das schlimmste Übel, das euch die Reichtümer zufügen, besteht darin, daß sie euch aus der seligen Abhängigkeit von Jesus Christus herausreißen."

Basilius von Cäsarea führt im selben Ton fort: „Aber diese Güter gehören mir; habe ich nicht das Recht, sie zu behalten? Wieso gehören sie dir? Woher hast du sie genommen? Von woher hast du sie in diese Welt gebracht? Das ist so, wie wenn einer, der für sich einen Platz im Theater ergattert hat, alle andern am Eintritt hindern und allein genießen wollte, als besäße er einen ausschließlichen Anspruch auf ein Schauspiel, das doch für eine Gemeinschaft bestimmt ist. So sind die Reichen: sie betrachten Güter, die allen gehören, als ihr Eigentum, weil sie sich als erste ihrer bemächtigt haben... Wenn ihr sagt, ein Haus gehört euch, so habt ihr nichts gesagt. In Wirklichkeit gehören die Luft und die Erde und jegliche Wohnstätte genauso dem Schöpfer wie euch selbst, die ihr das Haus gebaut habt, und alle Dinge ohne Ausnahme... Die Gütergemeinschaft ist eine richtigere Daseinsordnung als das Privateigentum. Nur sie entspricht der Natur.“

Und Chrysostomus sagt weiter: „Ist es nicht vom Bösen, für sich zu behalten, was dem Herrn gehört, allein zu genießen, was allen gehört? Und gehört nicht die ganze Erde Gott? Wenn unsere Reichtümer dem Herrn der Welt gehören, dann gehören sie den Menschen, die seine Diener sind wie wir, denn alles, was dem Herrn gehört, steht für alle zum Gebrauch zur Verfügung.“

Anerkennung einer Autorität

Der Auftrag des Priors in einer Gemeinschaft entspricht einer praktischen Notwendigkeit der Gemeinsamkeit. „Ohne Einheit besteht keine Hoffnung auf kühne und totale Hingabe im Dienste Jesu Christi. Der Individualismus zersetzt die *Communauté* und hält sie auf ihrem Weg auf."

(Regel von Taizé)

Gewiß wäre es das Ideale, Entscheidungen nur einstimmig zu treffen. Aber der Idealismus ist kein Begriff aus dem Evangelium. Wenn man vor dem Weitergehen warten wollte, bis alle derselben Meinung sind, würde die *Communauté* bald statisch werden. Das Leben aber verlangt, daß man immer vorwärts gehen muß; wer stehenbleibt, geht in Wirklichkeit zurück.

Könnten Mehrheitsbeschlüsse die beste Methode sein, wenn es darum geht, eine gemeinsame Entscheidung zu treffen? Das läßt sich bezweifeln, weil eine Methode, die sich auf der gesellschaftlichen Ebene bewährt, nicht einfach auf die Ebene der Kirche übertragen werden kann. Das würde bedeuten, daß sich der Wille des Herrn durch 51% der Stimmen zu erkennen geben muß. Eine solche Methode würde in einer Gemeinschaft sehr bald dem Werben um Stimmen und der Demagogie Raum geben.

In der Kirche Entscheidungen treffen, heißt, daß man den Spuren Gottes nachgehen und alle Christen auf einen für den Dienst praktikablen Weg mit sich ziehen muß. Die Autorität in einer *Communauté* muß christozentrisch sein. Das verlangt von dem, dem diese Verantwortung übertragen worden ist, daß er den Plan Gottes zu erkennen sucht, ehe er die praktische Entscheidung trifft. An dieser Bemühung, den Willen Gottes zu erforschen, nehmen selbstverständlich alle teil. Der Bruderrat, dem alle Brüder angehören, die sich endgültig engagiert haben, „sucht den Willen Christi für den Weg der *Communauté* so klar wie möglich zu erkennen. Der erste Schritt ist daher, in sich Stille zu schaffen, damit man bereit wird, auf seinen Herrn zu hören. Nichts ist dem rechten Geist der Beratung mehr zuwider, als wenn man seine Absichten nicht so geläutert hat, daß man einzig den Plan Gottes zu erkennen wünscht. Wenn es irgendwann gilt, Frieden zu suchen und ihm nachzujagen, Streit zu vermeiden und die Versuchung, recht haben zu wollen – dann sicher im Bruderrat. Meide den Ton, der keinen Widerspruch duldet, das kategorische „man muß". Trage nicht viele gute Argumente zusammen, um dir Gehör zu verschaffen; leg in wenigen Worten dar, was dir am ehesten dem Plan Gottes zu entsprechen scheint, ohne dir einzubilden, daß du es erzwingen könntest. Damit nicht ein Geist des gegenseitigen Sich-Überbietens gefördert wird, hat der Prior vor seinem Herrn den Auftrag, die Entscheidung zu fällen, ohne daß er dabei an eine Mehrheit gebunden wäre. Frei von menschlichem Druck hört er auf den Schüchternsten mit der gleichen Aufmerksamkeit wie auf den Bruder, der voll Selbstvertrauen ist. Wenn ihm klar wird, daß in einer wichtigen Frage eine tiefgehende Übereinstimmung fehlt, so soll er sein Urteil zurückstellen und, damit die *Communauté* nicht stehen bleibt, eine vorläufige Entscheidung treffen. Er ist dann frei, später darauf zurückzukommen. Denn für die Brüder, die unterwegs sind auf Christus zu, ist Stillstand Ungehorsam."   (Regel von Taizé)

Die Aufgabe des Priors besteht also darin, die andern zu Christus zu ziehen, für ein möglichst kontinuierliches Fortschreiten der *Communauté* auf Christus zu Sorge zu tragen. Er soll die *Communauté* vor inneren Spaltungen bewahren, denn der Zerspalter bemüht sich ohne Unterlaß, Krisensituationen entstehen zu lassen und zu trennen, was zusammengehört. Auch hier ist jeder falsche Spiritualismus zu vermeiden. Wenn die Zusammengehörigkeit nicht sichtbar ist, wenn sie nicht in die Augen springt, kann man nicht mehr von geistlicher Einheit sprechen.

Wenn man von dem Auftrag spricht, der einem Menschen im Leben der Kirche anvertraut ist, muß man zugleich auch das Gegengewicht, die damit verbundenen schweren Verantwortungen mitbedenken: „Die Entscheidungen zu treffen ist eine verantwortungsschwere Aufgabe für den Prior. Er achte darauf, daß er nicht unterjoche, sondern den ganzen Leib in Christus auferbaue. Er suche nach den besonderen Gaben in jedem Bruder und helfe ihm, sie zu entdecken. Er betrachte sein Amt nicht als etwas Höheres, nehme es aber auch nicht mit einer falschen Bescheidenheit auf sich; er bedenke einzig und allein, daß es ihm von Christus anvertraut ist, dem er dafür einmal Rechenschaft zu geben hat. Er breche in sich jeden Autoritarismus, sei aber ohne Schwäche, wenn es darum geht, seine Brüder in Gottes Plan zu erhalten. Er lasse nicht zu, daß die autoritären Charaktere sich durchsetzen, und schenke den Schwachen Vertrauen. Er wappne sich mit Barmherzigkeit und erbitte sie von Christus als jene Gnadengabe, die er am notwendigsten braucht."

(Regel von Taizé)

Was gibt einem Menschen das Recht, in einer Gemeinschaft einzugreifen? Die Autorität des Wortes Gottes. Der Herr der Kirche macht sein Wort vernehmbar, indem er es durch den Mund eines Menschen sagen läßt. Er verleiht die dazu nötigen Gaben, darunter auch die der Unterscheidung der Geister. Dem menschlichen Wort als solchem kommt keine Autorität zu. Nur Gott verleiht sie ihm.

Deshalb ist der, der das Wort Gottes verkündigen muß, in einer furchtbaren Lage. Oft möchte er seinen Herrn abweisen, wenn er ihn zwingt, mit voller Autorität zu sprechen. Wird sich nicht die Sünde des Menschen in sein Wort mischen? Das ist eine schwerwiegende Frage. Sie fordert beständige Wachsamkeit. Wer sie übt, weiß, daß er seinen Dienst nur im Geiste des Gebetes leben kann. Um zusammen mit jenen, die ihm anvertraut sind, nach dem Willen Gottes suchen zu können, muß er sich selbst entsagen können, denn wie könnte er auf die Dauer eine Gemeinschaft immer wieder zum Leben bringen, wenn er nicht selbst eine lebendige Predigt der Selbstverleugnung ist? Unverständnis, schwere Enttäuschungen, Menschen, die sich abwenden, das sind die Kreuze, die der geduldig tragen muß, der in der Kirche einen Auftrag wahrnimmt. Diese Schule der Verdemütigung muß er auf sich nehmen.

Wie könnte man objektiv urteilen ohne Selbstvergessenheit? Empfindlichkeit und Eigenliebe, die sich unaufhörlich getroffen fühlen, müssen begraben werden, damit der ganze Platz dem Urteil Gottes überlassen werden kann. Dann wächst dem menschlichen Wort wahre Autorität zu in seinen Bemühungen, in der Gemeinschaft wieder zusammenzubringen, was getrennt ist.

Es handelt sich also bei diesem Dienst durchaus nicht um menschlichen Zwang, um Durchsetzung des eigenen Willens. Niemandes Gewissen darf beeinträchtigt werden. Aufgabe dieses Dienstes ist es, den Willen Christi in Erinnerung zu rufen. Wer diesen Auftrag übernimmt, muß sich deshalb hüten vor jenem geheimen Ehrgeiz, der unmerklich dazu führt, daß man die Seelen beherrschen und sich ihrer bemächtigen will. Dieser Ehrgeiz ist unendlich viel verhängnisvoller als jener der Fürsten der Erde, die über die materiellen Güter und die Leiber herrschen. Wer diesen Dienst ausübt, muß abnehmen, damit Christus in denen zunehmen kann, die ihm anvertraut sind.

Christus das Feuer seiner Liebe
in uns entzünden lassen

Wenn unsere Hingabe im Heute Gottes intensiv bleiben soll, dann muß die lebendige Liebe Christi selbst kommen, um das Feuer in uns zu speisen und die Freundschaft zum Nächsten – unserem Bruder zu erneuern.

Es mag paradox klingen, aber wir wissen, daß man oft leichter mit Menschen Kontakt findet, die Gott nicht kennen, als mit Christen. Wenn wir mitten im Leben der Menschen stehen, so können wir versuchen, Christus gegenwärtig zu machen und Hefe im Teig zu sein, ohne auf Abwehr zu stoßen. Wieviel schwieriger ist dagegen eine Freundschaft unter Christen! Hier sind die Beziehungen durch die Überalterung der christlichen Organisationsformen und durch die Aufspaltung der Christen in Konfessionen mit so starken Spannungen belastet, daß Freundschaft eine prekäre Sache geworden ist. Man läuft Gefahr, in einem Boden zu versinken, der Jahrhunderte lang durch leidenschaftliche Konflikte aufgeweicht worden ist. Das hat unsere Fähigkeit zu unvoreingenommenem Denken beeinträchtigt, so daß es nicht mehr seinen wahren Zweck, die Wahrheit in der Liebe zu suchen, erfüllen kann.

Nicht daß die Wahrheit billig zu haben wäre, davon kann nicht die Rede sein. Wohl aber steht fest, daß es ohne Liebe keine Wahrheit gibt. Heute braucht es vor allem Liebe in den Beziehungen zwischen den Christen. Die Liebe wird uns hindern, die Rolle des Richters zu spielen, die uns so leicht fällt und unserer Natur so sehr liegt. Wie könnten wir ohne eine Bekehrung zur Liebe Jesu Christi hoffen, daß sich unsere konfessionellen Positionen, die sich in Generationen von Christen herausgebildet haben, von innen heraus ändern?

Unser Fortschritt auf dem Weg zur Einheit wird zum Teil davon abhängen, daß wir uns diese feste Hoffnung erwerben: Der Herr wird uns zur Gemeinschaft zusammenführen, er hat die Kraft dazu. An uns ist es, daß wir uns nicht gegen die Mittel sträuben, die er anwendet.

Schon steigt aus dem Unterbewußtsein vieler Christen die Frage auf: Sollen wir die Einheit um jeden Preis erhoffen? Ja, denn es ist Christi letzter Wille, „daß alle eins seien, ... damit die Welt glaube". Und darum handelt es sich bei der Sichtbarkeit der Zusammengehörigkeit der Christen nicht um ein beliebiges menschliches Vorhaben, sondern um eine Forderung des Glaubens, das sich nicht aus den äußeren Umständen der Welt ergibt, sondern Gehorsam gegen Christus ist.

Die innere Haltung, die einen solchen neuen Gehorsam möglich macht, hat ihren Ursprung in einem Leben in Christus. Ein solches Leben erzeugt nicht sentimentales Heimweh nach der Einheit, sondern den Mut und die Kraft, die zwischen uns bestehenden Gegensätze, die so viel von unserer lebendigen Kraft verbraucht haben, fallenzulassen.

Die Kirche lieben, wie Christus sie geliebt hat. Sich darein finden, daß sie nur über die tiefen Spuren hinweg fortschreiten kann, die die Sünden, der Geist der Spaltung und des Eigendünkels ihrer Glieder aufgerissen haben. Die Kirche lieben trotz der Mittelmäßigkeit so mancher ihrer Hauptverantwortlichen. Die Kirche lieben in ihren Gliedern, in den besten, aber auch in den unzulänglichsten unter ihnen.

So pilgert die Kirche Christi durch die Jahrhunderte. Sie ist in dem Maße lebendig, als ihre Gläubigen sie mit Liebe erfüllen. Sie ist stark, wenn ihre Glieder sich Tag für Tag mit der unendlichen Geduld des Glaubens wappnen. Sie ist demütig, wenn die Ihren sie nicht mit der Bitterkeit der Selbstsicheren richten, sondern bereit sind, sie bis zur Hingabe ihres Lebens zu lieben in dem Bemühen, sie heute und immer wieder zu erneuern.

Jeder andere Weg endet notwendig im Geist der Selbstgerechtigkeit und Spaltung, der jede Möglichkeit verbaut, das zu berichtigen, was man als falsch verurteilt.

Urteile, die von außen her gefällt werden, müssen die davon Betroffenen verhärten und in sich selbst zurücktreiben. So läßt sich nicht bestreiten, daß die aus ihrer Konfession ausgetretenen Reformatoren weder durch ihre Festigkeit noch durch ihre guten Gründe die Reform einer Kirche ermöglicht haben, auf deren Umwandlung sie ihre ganze Hoffnung gesetzt hatten. Damit soll keineswegs die Notwendigkeit ihrer Appelle in Abrede gestellt werden. Diese waren vielmehr unumgänglich notwendig. Aber wie soll man nach ihnen noch auf eine Reform hoffen, wenn die Forderungen, die von diesen neuen, so schnell mit einem schweren Erbe von polemischen Gegensätzen belasteten Gruppen von Christen ausgehen, bar jeder Liebe für die Wirklichkeit sind, die selbst eine erstarrte Tradition in sich birgt?

Nur wenn unsere Herzen sich von aller Verbitterung freimachen und sich von vorbehaltloser Freundschaft zum Nächsten erfüllen lassen, nur dann wird es diesem Nächsten möglich, Kritik und Belehrung anzunehmen. Wenn die Liebe Christi in uns zunimmt, wird es uns unmöglich, die Last des schlechten Gewissens dem andern aufzubürden, ja es wird sogar möglich, auch die zu lieben, die gegen uns sind. Dann endlich bewegt sich der Christ auf sicherem Grund, er ist sicher, in Gott zu sein.

Die Geschichte kennt einen Zeugen einer echten Reform, den heiligen Franz von Assisi. Er hat für die Kirche gelitten und hat sie nach dem Vorbild Christi geliebt. Er hätte die Institutionen, die Bräuche, die Verhärtung gewisser Christen seiner Zeit verurteilen können, aber gerade das hat er nicht gewollt. Er hat es vorgezogen, sich selbst abzusterben. Er hat gewartet mit einer glühenden Geduld, und seine von brennender Liebe erfüllte Erwartung hat eines Tages Erneuerungen in Gang gebracht.

Der Herr, der sein Volk aus der Wüste herausgeführt hat, hat die Geduld, es weiterhin mit starker Hand zu führen. Immer wieder erweckt er den einen oder anderen Propheten in seinem Volk.

Nur Christus selbst kann heute das Feuer seiner Liebe in uns entzünden und uns damit zu Hefe im Teig machen. Den einen ist es aufgetragen, der Gemeinschaft im Wort Ausdruck zu verleihen, andere empfangen die Gabe einer besonders eindringlichen Fürbitte, von anderen wieder wird die Hingabe ihres Lebens, ihrer selbst verlangt, ein Opfer, dessen Sinn verborgen bleibt und das einen harten Kampf erfordern kann. Wichtig ist, daß jeder Christ auf dem Wege einer dieser verschiedenen Gaben in der Kirche zum Ferment der Gemeinschaft wird.

Die Mittel, die uns zur Verfügung stehen, sind nicht sehr eindrucksvoll. Aber ist nicht der Sauerteig äußerlich dem Teig so ähnlich, daß das Auge ihn nicht von diesem unterscheiden kann? Und doch enthält er unsichtbar die ganze Wirkkraft. In ihm ist schon alles eingeschlossen, unendliche Möglichkeiten werden durch ihn Wirklichkeit.

Der Sauerteig ist im Teig verborgen. So muß auch die Präsenz des einzelnen Christen mitten im Leben der Kirche und im Leben der Menschen ebenso unauffällig sein wie jedes mit Christus in Gott verborgene Leben.

Was wir erneuern, wird vielleicht seinerseits der Verhärtung anheimfallen, wie ja auch die Kruste des Teiges hart wird, wenn sie alt wird. Unsere Aufgabe ist es, andere Menschen heranzubilden, damit sie nach uns als neuer Sauerteig wirken können. Auf diese Weise erneuert sich die Kirche Christi und die Menschen, die in ihr einen Dienst wahrnehmen.

Möge jeder von uns sein Leben auf eine dieser mannigfaltigen Weisen einsetzen, und das wenige, was wir sind, wird, ohne daß wir wissen wie, unabsehbare Folgen zeitigen.

Die Gabe der Sprachen, die Gabe der Weissagung wird eines Tages aufhören, sagt der Apostel, das Wissen wird vergehen, die Liebe aber hört niemals auf. Wir mögen Heldentaten vollbringen, die Fülle des Glaubens besitzen, einen Glauben haben, der Berge versetzen kann; wir mögen all unsere Habe den Armen geben und unsern Leib zum Verbrennen hingeben – wenn wir die Liebe nicht haben, so nützt uns all das nichts.

Wir mögen wunderbare Werke vollbringen, zählen werden nur jene, die der barmherzigen Liebe Christi in uns entspringen. Am Abend unseres Lebens wird es die Liebe sein, nach der wir beurteilt werden, die Liebe, die wir allmählich in uns haben wachsen und sich entfalten lassen, in Barmherzigkeit für jeden Menschen in der Kirche und in der Welt.